新媒体电商：从技能学习到实践应用

主 编 郭晓花 孟柳樊
副主编 洪 杰 张 瑾

中国水利水电出版社
www.waterpub.com.cn
·北京·

内 容 提 要

本书为读者揭开了营销在新媒体领域的神秘面纱，提供了从概念理解到技术应用的全面视角，通过六大模块系统解读了新媒体的本质、运作方式及其在竞争激烈的市场中的战略地位。读者将学习如何巧妙结合文案创作、视觉艺术及多平台协同来打造强大的品牌影响力。本书强调知识与实战的结合，每部分均以课后练习和案例分析为桥梁，确保理论学习与职业实践无缝对接。无论是专业学习者还是行业从业者，都能在本书中找到加深理解和技能提升的丰富资源。

图书在版编目（CIP）数据

新媒体电商：从技能学习到实践应用 / 郭晓花，孟柳樊主编. -- 北京：中国水利水电出版社，2024.7.
ISBN 978-7-5226-2574-4

Ⅰ．F713.365.2

中国国家版本馆 CIP 数据核字第 20243AH393 号

策划编辑：石永峰　责任编辑：鞠向超　加工编辑：刘瑜　封面设计：苏敏

书　名	新媒体电商：从技能学习到实践应用 XINMEITI DIANSHANG: CONG JINENG XUEXI DAO SHIJIAN YINGYONG
作　者	主　编　郭晓花　孟柳樊 副主编　洪　杰　张　瑾
出版发行	中国水利水电出版社 （北京市海淀区玉渊潭南路 1 号 D 座　100038） 网址：www.waterpub.com.cn E-mail：mchannel@263.net（答疑） 　　　　sales@mwr.gov.cn 电话：（010）68545888（营销中心）、82562819（组稿）
经　售	北京科水图书销售有限公司 电话：（010）68545874、63202643 全国各地新华书店和相关出版物销售网点
排　版	北京万水电子信息有限公司
印　刷	三河市德贤弘印务有限公司
规　格	184mm×260mm　16 开本　15.5 印张　358 千字
版　次	2024 年 7 月第 1 版　2024 年 7 月第 1 次印刷
印　数	0001—2000 册
定　价	56.00 元

凡购买我社图书，如有缺页、倒页、脱页的，本社营销中心负责调换

版权所有·侵权必究

前　言

在信息技术飞速发展的今天，新媒体营销的重要性日益凸显，它为品牌与市场的对话提供了全新的平台和可能。本书正是在这样的背景下诞生的，它不仅是一本讲述理论的教材，更是一幅指导实践的航海图，旨在指导读者掌握新媒体营销的核心技能，成为这一领域的熟练舵手。

本书全面而深入地探讨了新媒体营销的多个维度，包括但不限于概念构建、策略规划与执行、内容创作与传播。我们从基本的新媒体定义讲起，讲解其与传统媒体的区别，以及在新媒体时代下营销策略的演变。书中不仅涵盖了内容创作的策略和技巧，还深入讨论了如何结合特定受众群体的需求来设计具有吸引力的营销信息。

在新媒体平台运营方面，我们提供了对各大平台功能、受众特性、内容策略、数据分析等方面的详尽解析。特别是对当前流行的视频营销和直播，本书不仅提供了技术制作指导，还讲解了如何将视频内容转化为有效的用户互动和销售。

为了实现理论与实践的有机结合，每个模块都精心设计了案例研究和逐步实践的项目，鼓励读者通过动手操作来深化理解，并准备面对现实营销环境中的挑战。这种互动式的学习方法旨在培养读者的创新思维并提供实战经验。

本书适合新媒体营销专业学生、行业从业者，以及对数字营销感兴趣的自学者。各模块结尾的习题和案例分析旨在确保读者能从基本概念到实际操作全方位掌握新媒体营销的知识体系。

在本书编写过程中，我们得到了来自各领域专家和从业者的宝贵建议与支持，在此深表感谢，并恳请读者积极反馈以帮助我们进一步完善这一教育资源。在新媒体营销的征途上，愿本书助力您拓展专业能力，开阔视野，迎接挑战。

1. 配套的教学资源

（1）知识点微课（37 个）、知识点拓展（11 个）、项目课前测试（25 个）和案例展示（15 个），可通过扫描书中二维码获取。

（2）课件 PPT、教案、授课计划、课程标准。

（3）试题（试卷 A、试卷 B）及答案、本书习题及答案。

2. 教学大纲

本书的参考学时为 64 学时，其中理论讲授为 30 学时，实训为 34 学时，各模块的参考学时参见下面的学时分配表。

学习模块	课程内容	学时分配	
		理论讲授	实训
模块一：新媒体营销认知	项目一：新媒体营销概论	2	2
	项目二：新媒体岗位认识		
模块二：新媒体文案创作	项目三：新媒体文案创作的准备工作	6	4
	项目四：短文案的写作		
	项目五：长文案的写作		
模块三：新媒体视觉设计	项目六：视觉营销与农产品拍摄基础	6	6
	项目七：农产品主图设计		
	项目八：农产品详情页设计		
	项目九：农产品包装设计		
模块四：新媒体平台运营	项目十：微信公众号注册与初始化设置	2	4
	项目十一：微信公众号图文创排		
模块五：短视频制作与营销	项目十二：短视频脚本设计	2	2
	项目十三：短视频拍摄剪辑技巧	4	4
	项目十四：短视频编辑发布	2	2
	项目十五：短视频营销推广		
模块六：新媒体直播	项目十六：简单几步打造直播间	2	4
	项目十七：直播营销的话术设计	2	2
	项目十八：打造人气直播间		2
	项目十九：如何系统规划一场带货直播	2	2
课时总计		30	34

本书是由教学名师和企业导师共同策划编写的一本应用科学教材，由郭晓花、孟柳樊任主编，洪杰、张瑾任副主编，陈润蓉、谢泉清、梁达强、夏妙娴、仇高波、周李灵、温艺参与了编写工作。特别感谢广州大洋教育科技股份有限公司提供了教学案例和实训平台，并协助录制课堂微课。订购教材后，可以向出版社或作者（QQ：107602382）索要全套教学资源。

编　者

2024 年 3 月

目 录

前言

模块一 新媒体营销认知 ················· 1
项目一 新媒体营销概论 ················· 2
 任务一 了解新媒体概况 ············· 2
  一、新媒体的概念 ················· 3
  二、新媒体的特点 ················· 3
  三、新媒体的类型或平台 ··········· 5
  四、新媒体营销 ··················· 5
 【课后练习】 ························ 9
 【任务拓展】 ························ 10
 任务二 认识新媒体平台 ············· 10
  一、新媒体平台分类 ··············· 11
  二、主流新媒体平台定位 ··········· 11
 【课后练习】 ························ 15
 【任务拓展】 ························ 15
项目二 新媒体岗位认识 ················· 17
 任务 绘制岗位 SOP ················· 17
  一、新媒体岗位群 ················· 17
  二、新媒体的职业技能等级 ········· 18
  三、新媒体岗位职责 ··············· 18
 【课后练习】 ························ 23
 【任务拓展】 ························ 23

模块二 新媒体文案创作 ················· 25
项目三 新媒体文案创作的准备工作 ······· 26
 任务 挖掘产品卖点 ················· 26
  一、新媒体文案的定义及特点 ······· 26
  二、新媒体文案的类型 ············· 27
  三、文案创作的四步骤 ············· 29
 【课后练习】 ························ 33
 【任务拓展】 ························ 33
项目四 短文案的写作 ··················· 35
 任务一 文案如何吸引注意力 ········· 35

  一、消费趋势变化对新媒体文案的
    新要求 ······················· 35
  二、短文案的定义及特点 ··········· 36
 【课后练习】 ························ 41
 【任务拓展】 ························ 41
 任务二 爆款短文案的五种写法 ······· 42
  一、新媒体销售文案 ··············· 42
  二、五种经典短文案写法与吸引
    注意力的联系 ················· 43
 【课后练习】 ························ 48
 【任务拓展】 ························ 48
项目五 长文案的写作 ··················· 49
 任务一 标题与开头的设计 ··········· 49
  一、长文案的特点 ················· 49
  二、长文案的内容模块 ············· 50
  三、长文案的类型 ················· 50
  四、长文案标题与短文案的联系 ····· 50
 【课后练习】 ························ 54
 【任务拓展】 ························ 55
 任务二 正文内容及结尾的设计 ······· 55
  一、新媒体销售文案的创作框架 ····· 56
  二、新媒体文案如何产生代入感 ····· 56
  三、新媒体文案如何产生信任感 ····· 56
  四、内容关键词布局 ··············· 56
 【课后练习】 ························ 61
 【任务拓展】 ························ 61

模块三 新媒体视觉设计 ················· 62
项目六 视觉营销与农产品拍摄基础 ······· 63
 任务 挖掘产品卖点 ················· 63
  一、视觉营销基础认知 ············· 63
  二、农产品拍摄步骤 ··············· 64

三、光线选择与布光技巧⋯⋯⋯⋯ 67
　　四、农产品拍摄技巧及注意事项⋯⋯⋯ 68
　【课后练习】⋯⋯⋯⋯⋯⋯⋯⋯⋯⋯ 72
　【任务拓展】⋯⋯⋯⋯⋯⋯⋯⋯⋯⋯ 73
项目七　农产品主图设计⋯⋯⋯⋯⋯⋯ 74
　任务　农产品主图设计⋯⋯⋯⋯⋯⋯ 74
　　一、主图制作的系统要求⋯⋯⋯⋯⋯ 74
　　二、农产品主图设计风格⋯⋯⋯⋯⋯ 75
　　三、农产品图片优化与主图制作⋯⋯ 76
　【课后练习】⋯⋯⋯⋯⋯⋯⋯⋯⋯⋯ 79
　【任务拓展】⋯⋯⋯⋯⋯⋯⋯⋯⋯⋯ 80
项目八　农产品详情页设计⋯⋯⋯⋯⋯ 81
　任务　农产品详情页设计⋯⋯⋯⋯⋯ 81
　　一、详情图上传的系统要求⋯⋯⋯⋯ 81
　　二、商品详情页设计要点⋯⋯⋯⋯⋯ 82
　　三、详情页模块常见类型⋯⋯⋯⋯⋯ 83
　【课后练习】⋯⋯⋯⋯⋯⋯⋯⋯⋯⋯ 87
　【任务拓展】⋯⋯⋯⋯⋯⋯⋯⋯⋯⋯ 87
项目九　农产品包装设计⋯⋯⋯⋯⋯⋯ 88
　任务　农产品包装设计⋯⋯⋯⋯⋯⋯ 88
　　一、农产品包装设计的原则⋯⋯⋯⋯ 89
　　二、农产品包装设计的方法⋯⋯⋯⋯ 89
　　三、农产品包装文字设计⋯⋯⋯⋯⋯ 90
　　四、运输包装设计和销售包装设计⋯ 91
　【课后练习】⋯⋯⋯⋯⋯⋯⋯⋯⋯⋯ 96
　【任务拓展】⋯⋯⋯⋯⋯⋯⋯⋯⋯⋯ 97

模块四　新媒体平台运营⋯⋯⋯⋯⋯ 98
项目十　微信公众号注册与初始化设置⋯ 99
　任务　订阅号申请与设置⋯⋯⋯⋯⋯ 99
　　一、微信公众平台的分类⋯⋯⋯⋯⋯ 99
　　二、公众号定位⋯⋯⋯⋯⋯⋯⋯⋯ 101
　【课后练习】⋯⋯⋯⋯⋯⋯⋯⋯⋯ 112
　【任务拓展】⋯⋯⋯⋯⋯⋯⋯⋯⋯ 112
项目十一　微信公众号图文创排⋯⋯ 114
　任务一　图文选题、内容创作⋯⋯ 114
　　一、社会热点分析⋯⋯⋯⋯⋯⋯⋯ 115
　　二、受众痛点分析⋯⋯⋯⋯⋯⋯⋯ 115

　　三、垂直领域的确定⋯⋯⋯⋯⋯⋯ 117
　　四、内容创作类型⋯⋯⋯⋯⋯⋯⋯ 118
　　五、商业推广性内容创作⋯⋯⋯⋯ 120
　　六、文章配图⋯⋯⋯⋯⋯⋯⋯⋯⋯ 121
　　七、素材收集与整理⋯⋯⋯⋯⋯⋯ 122
　【课后练习】⋯⋯⋯⋯⋯⋯⋯⋯⋯ 126
　【任务拓展】⋯⋯⋯⋯⋯⋯⋯⋯⋯ 126
　任务二　公众号图文编辑发布⋯⋯ 127
　　一、微信公众号关联壹伴助手⋯⋯ 127
　　二、微信公众号后台的排版界面⋯ 129
　【课后练习】⋯⋯⋯⋯⋯⋯⋯⋯⋯ 135
　【任务拓展】⋯⋯⋯⋯⋯⋯⋯⋯⋯ 136

模块五　短视频制作与营销⋯⋯⋯ 137
项目十二　短视频脚本设计⋯⋯⋯⋯ 138
　任务　视频脚本创作⋯⋯⋯⋯⋯⋯ 138
　【课后练习】⋯⋯⋯⋯⋯⋯⋯⋯⋯ 142
　【任务拓展】⋯⋯⋯⋯⋯⋯⋯⋯⋯ 142
项目十三　短视频拍摄剪辑技巧⋯⋯ 143
　任务一　农产品拍摄⋯⋯⋯⋯⋯⋯ 143
　　一、短视频拍摄设备⋯⋯⋯⋯⋯⋯ 144
　　二、镜头语言⋯⋯⋯⋯⋯⋯⋯⋯⋯ 145
　【课后练习】⋯⋯⋯⋯⋯⋯⋯⋯⋯ 158
　【任务拓展】⋯⋯⋯⋯⋯⋯⋯⋯⋯ 158
　任务二　农产品视频剪辑⋯⋯⋯⋯ 158
　　一、视频的基础知识⋯⋯⋯⋯⋯⋯ 159
　　二、剪辑工具⋯⋯⋯⋯⋯⋯⋯⋯⋯ 160
　【课后练习】⋯⋯⋯⋯⋯⋯⋯⋯⋯ 165
　【任务拓展】⋯⋯⋯⋯⋯⋯⋯⋯⋯ 165
项目十四　短视频编辑发布⋯⋯⋯⋯ 166
　任务　作品编辑发布⋯⋯⋯⋯⋯⋯ 166
　　一、抖音视频审核机制流程⋯⋯⋯ 166
　　二、视频封面⋯⋯⋯⋯⋯⋯⋯⋯⋯ 168
　　三、标题拟定与优化方法⋯⋯⋯⋯ 171
　【课后练习】⋯⋯⋯⋯⋯⋯⋯⋯⋯ 174
　【任务拓展】⋯⋯⋯⋯⋯⋯⋯⋯⋯ 175
项目十五　短视频营销推广⋯⋯⋯⋯ 176
　任务　精准用户引流截流⋯⋯⋯⋯ 176

一、引流截流技巧……………………176
　　二、站外引流渠道……………………181
　【课后练习】……………………………184
　【任务拓展】……………………………184
模块六　新媒体直播…………………185
项目十六　简单几步打造直播间………186
　任务一　直播间的搭建………………186
　　一、直播设备的选用…………………186
　　二、直播间的场景布置………………190
　　三、直播间的灯光布置………………197
　【课后练习】……………………………201
　【任务拓展】……………………………202
　任务二　组建直播团队………………202
　　一、直播运营团队岗位及其职责……202
　　二、直播团队的人员配置……………205
　　三、直播主播的类型…………………206
　　四、打造主播人设的技巧……………207
　【课后练习】……………………………209
　【任务拓展】……………………………209
项目十七　直播营销的话术设计………210

　任务　撰写产品营销话术……………210
　　一、直播销售话术的基本要求………211
　　二、直播销售话术的常见类型………211
　　三、直播销售话术的组合技巧………214
　【课后练习】……………………………218
　【任务拓展】……………………………219
项目十八　打造人气直播间……………220
　任务　提升直播间流量………………220
　　一、直播引流的定义与类型…………220
　　二、直播引流的模式…………………225
　【课后练习】……………………………229
　【任务拓展】……………………………230
项目十九　如何系统规划一场带货直播…231
　任务　直播流程策划…………………231
　　一、直播营销策划的流程……………231
　　二、直播脚本的策划…………………233
　　三、设定营销互动环节………………236
　【课后练习】……………………………238
　【任务拓展】……………………………239

模块一　新媒体营销认知

学习情境

被誉为荔枝皇后的仙进奉荔枝即将上市，果色鲜艳，清甜微香，深受好评。今年邀请明星直播带货，直播间观看峰值达 7.54 万，新华网及其他直播间流量曝光展现 415.31 万，不少观众已下单。大型商业超市与本土企业签订了仙进奉荔枝的采购意向协议，超过 45 万斤仙进奉荔枝以均价 50 元/斤被认购。为传承荔枝文化，增城仙进奉荔枝现代农业产业园正在规划建设中。

知识导图

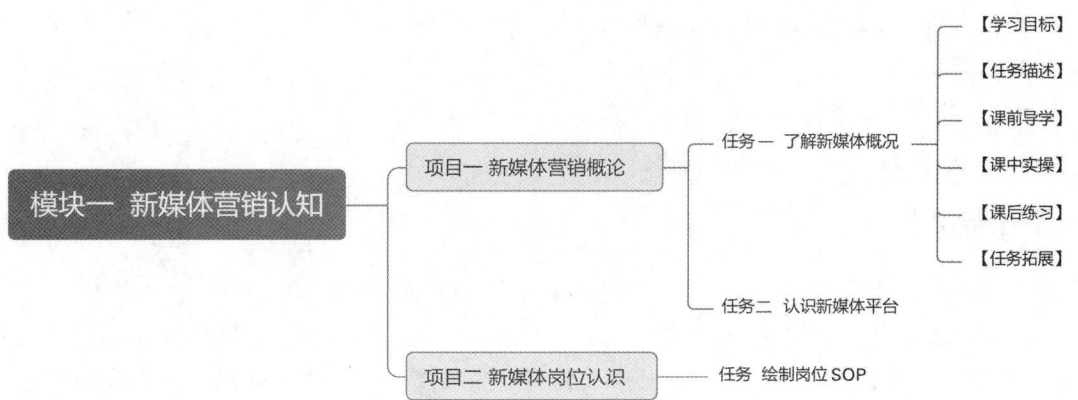

项目一　新媒体营销概论

项目分析

该项目深入探讨了新媒体营销的核心概念和实践方法。从了解新媒体的基本情况开始,它涵盖了新媒体的定义、类型、起源和发展。项目强调了新媒体平台的认识,为学习者提供了一系列的学习目标和课前导学材料。每个任务后面都伴随着实践练习和作业,旨在确保学习者能够将所学知识应用到实际情境中。

任务一　了解新媒体概况

【学习目标】

知识目标

1. 了解新媒体行业的发展史。
2. 熟悉典型的新媒体平台及其特点。
3. 了解新媒体未来的发展趋势。

能力目标

1. 能够熟练搜集新媒体行业的相关报告。
2. 能够理解和分析新媒体的传播特点。

素养目标

1. 培养对数据采集的意识。
2. 养成全面、认真的职业习惯。

【任务描述】

新媒体是一个相对的概念,"新"是相对于"旧"而言的。

新媒体涵盖了所有数字化的媒体形式,包括数字化的传统媒体、网络媒体、移动端媒体、数字电视、数字报刊、智能终端等。不同传播形式、不同载体的新媒体正在被快速借鉴模仿,成为"融媒体",这也是当今新媒体的发展方向。本任务以了解新媒体行业发展总览为最终目标。

【课前导学】

一、新媒体的概念

大众媒体的诞生于 19 世纪 30 年代出现的报刊。20 世纪 60 年代,"New Meadia"一词开始作为新概念进入人们的视野。

1986 年,中国社会科学院日本研究所的冯昭奎在《新技术革命对日本经济的影响》一文中介绍了新媒体。文中提到新媒体就是新的传播信息的媒体、工具包括卫星通信、光纤图像通信传真、计算机网络、双向有线电视、文字广播等,这些传播信息的新工具具有十分灵活而多样的功能,其中有些功能是跨越"传统媒体"的"多重功能"。

20 世纪 90 年代,"新媒体"这个词开始变得炙手可热,主要原因是互联网的普及,很多时候新媒体成为了互联网的代名词。

随着现代技术的迅猛发展,以微信、微博、APP 等为代表的新媒体蓬勃发展起来。新媒体是一个相对的概念,是继报刊、广播、电视等传统媒体以后发展起来的新的媒体形态,是利用数字技术、网络技术等现代技术为渠道,以及计算机、手机、IPAD 等终端,采用更加民主个性的表达方式、快捷迅速的消息推送,向用户提供信息和娱乐服务的传播形态。简言之,新媒体就是新出现的媒体形态,且在不断变化中。

二、新媒体的特点

新媒体更多地表现为自媒体,它们具有下述传播特点。

(一)传播方式双向化

每个受众既是信息的接受者,也是信息的传播者,进而互动性强,传播效果明显,如图 1-1 所示。

图 1-1　传播方式双向化

(二)接收方式从固定到移动

无线移动技术的发展使得新媒体具备移动性的特点,使得用手机浏览网页、看电视等实现动态化,不再局限于固定场所,如图 1-2 所示。

图 1-2　接收方式移动化

（三）传播行为个性化

微博、微信、博客、播客等新的传播方式使得每一个人都成为信息的发布者，个性地表达自己的观点，传播自己关注的信息。

（四）传播速度实时化

新媒体的传播借助互联网技术，信息传播变得更加迅速，实时接收信息，实时做出相应反馈已不再困难，如图 1-3 所示。

图 1-3　传播速度实时化

（五）传播内容多元化

从传统媒介到新媒体，最大的变化同时体现在传播内容的多元化和融合化，提高了信息量，提升了信息广度，如图 1-4 所示。

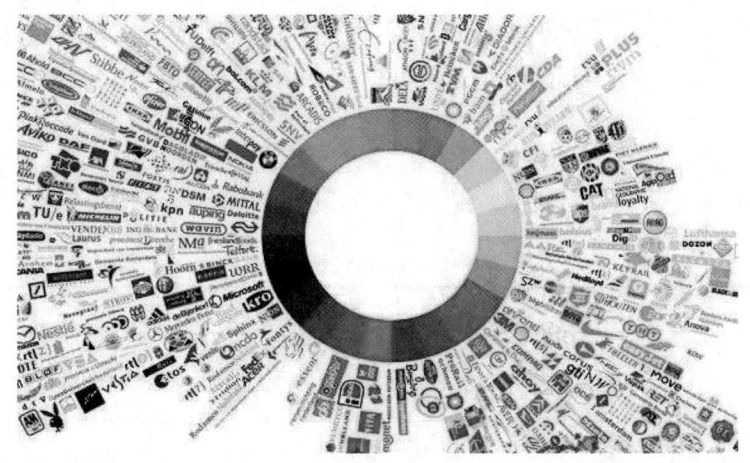

图 1-4　传播内容多元化

三、新媒体的类型或平台

微信：超级 APP，它是目前分享量最大的平台，每天占据 70%～80%的分享量。
微博：微博是传统新媒体巅峰期的代表作。用户量大，是新媒体重要战场之一。
知乎：问答社区，以科技类、互联网类的问答较多。通过优秀的问答吸引用户。
豆瓣：国内最大、最成功的"兴趣社交"平台。豆瓣为实现精准营销提供了更多可能。
抖音、快手、小红书、QQ 空间、贴吧是年轻用户比较活跃的载体。

四、新媒体营销

新媒体营销是基于特定产品的概念需求和问题分析，针对消费者心理指导营销模式，本质上是企业软渗透商业战略的新媒体形式，通常借助媒体表达和舆论传播使消费者认同某一概念、观点和分析思想，实现企业品牌推广、产品销售的目的。

新媒体营销渠道或新媒体营销平台主要包括但不限于：门户网站、搜索引擎、微博、SNS、博客、播客、BBS、RSS、WIKI、移动设备、应用程序等。新媒体营销不仅通过上述渠道进行营销，而且需要各种渠道进行整合营销。如果有足够的营销资金，还可以与传统媒体营销相结合，形成全面的三维营销。

新媒体营销具有打破时空界限、准确定位、群体分析、增加客户黏度、降低宣传成本、快速提高声誉的特点。新媒体可以包含大量丰富的内容，可以准确定位营销对象，挖掘客户，持续发展。

新媒体营销的一切活动都是针对不同的受众群体设计的，观众会有不同的体验。有针对性的信息传递可以更精准地分析和满足受众需求。

随着新技术和新思维的不断涌现，新媒体营销的传播渠道和应用领域也在不断扩展和创新。

🔔 **小提示**：扫一扫，完成课前测试及学习微课：新媒体营销。

新媒体营销　　　　　　　项目一课前测试（任务一）

任务一课前测试评价表如表 1-1 所示。

表 1-1　课前测试评价表

评价内容	达到目标	积分
新媒体概况（15 分）	了解新媒体的含义	
	了解新媒体平台	
	了解新媒体营销	

【课中实操】

一、任务实施计划表

本次任务以了解新媒体行业发展总览为最终目标，请按照表 1-2 来完成任务实施。

表 1-2　任务实施计划表

序号	步骤	方法与技巧	注意事项
1	了解新媒体平台发展史	通过网络信息搜索法，了解市面上不同的新媒体平台	
2	搜索新媒体行业报告	利用报告信息网站搜索行业报告	

二、实施过程

（一）了解社交新媒体平台发展史

进入各大新媒体平台官网进行检索，初步了解新媒体平台。

🔔小提示：可通过搜索引擎检索法进行信息采集确定。

通过百度检索社交新媒体信息并查看百科详细内容（以微信为例），重点了解平台成立时间、用户人群、发展生态、所属母公司等，操作步骤如图 1-5 和图 1-6 所示。

图 1-5　搜索引擎

图 1-6　百度百科

了解这个新媒体平台生态内容、平台载体范围,如图 1-7 和图 1-8 所示。

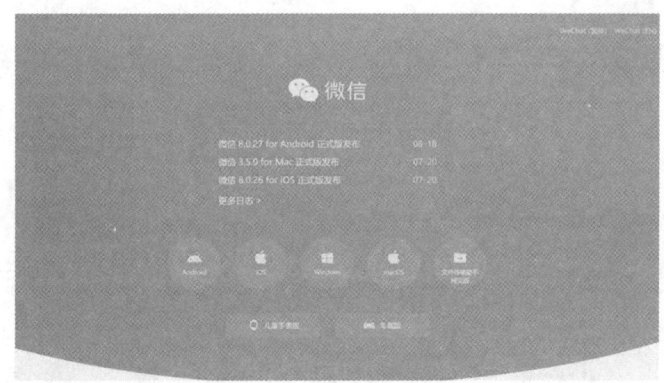

图 1-7　微信生态

图 1-8　微信公众号

(二)搜索新媒体行业报告

在对新媒体以及平台有所了解后,通过下载和检索新媒体行业报告来了解这个行业。可以访问报告信息网站,如"报告查一查""前瞻产业研究院""51 行业报告网"等,如图 1-9 所示。

图1-9 51行业报告网

访问镝数聚官网,筛选合适的数据报告进行下载,如图1-10所示。

图1-10 镝数聚网站

阅读和整理相关新媒体行业报告,如图1-11所示。

图1-11 新媒体报告

结合对新媒体的理解，搜集某一新媒体平台的行业报告，将所收集到的有关行业报告分类整理，如表 1-3 所示。

表 1-3　行业报告汇总

序号	数据名称	数据类型	数据来源
举例	2022 年中国企业直播多场景应用策略白皮书	数据报告	艾瑞咨询
1			
2			
3			
4			
5			

三、课中评价表

任务一课中评价表如表 1-4 所示。

表 1-4　课中评价表

评价项	具体评价内容	达到目标	积分		
			自评	组评	师评
新媒体概况（45 分）	社交新媒体平台发展史	了解主流社交平台			
	搜集新媒体行业报告	在报告信息网站下载行业报告			
职业素养（20 分）	1. 能按计划完成工作任务 2. 在数据采集过程中，做到高效实用 3. 态度端正，思考活跃	能以新媒体人身份要求自己，养成良好的职业素养			
企业导师评语：					

【课后练习】

一、单选题

1．新媒体的"新"主要体现在（A）。
　　A．媒体具有网络效应　　　　　　　B．传播快
　　C．制作快　　　　　　　　　　　　D．内容新颖

2．当前国内规模较大的社交平台是（C）。
　　A．快手　　　　B．小红书　　　　C．微信　　　　D．微博

二、多选题

1．下面属于新媒体的是（ABC）。

A．社交APP　　　B．短视频　　　C．直播　　　D．电视

2．新媒体营销渠道或新媒体营销平台主要包括（ABCD）。

A．社交APP　　　B．门户网站　　C．搜索引擎　　D．微信广告

【任务拓展】

任务描述：请以某产地一种农产品为例，通过百度检索该产品的新媒体营销案例。按要求填写如表1-5所示的营销活动统计表。

表1-5　营销活动统计表

序号	营销活动	特色	传播平台
举例	520，就用荔枝表达爱	原创"荔枝上广州塔做广告"并第一次提出了将5月20日（谐音：我爱荔）定为广东荔枝消费日的策划，荔枝营销与"520消费"有机融合	淘宝直播
…			

任务一课后任务评价表如表1-6所示。

表1-6　课后任务评价表

具体评价内容	达到目标	积分
完成某农产品的营销案例搜集（10分）	了解新媒体营销	
完成课后任务和作业（10分）	能结合所学知识点完成作业	

任务二　认识新媒体平台

【学习目标】

知识目标

1．了解不同类型的新媒体平台。

2．了解典型新媒体平台的特征。

3．了解不同新媒体平台之间的区别。

能力目标

1．能够根据实际需求，掌握新媒体平台的运作方式。

2．能够准确分辨新媒体平台的类型。

素养目标

1．树立振兴乡村的觉悟。

2．培养全面、认真的职业习惯。

【任务描述】

新媒体平台包括视频平台、社交平台、自媒体平台。不同平台的规则、运作方式及特点不同。深入了解这些，你也可以成为资深的新媒体运营人员。本次任务以了解新媒体平台，能分辨新媒体平台类型为目的。

【课前导学】

一、新媒体平台分类

（一）视频平台

视频平台是如今的新媒体主流平台，它包含短视频、长视频、直播、音频等多种形式。

短视频已经成为企业及品牌的运营推广必争之地。如今的短视频平台最为火爆的就是抖音、快手、微视、美拍、秒拍等APP，这类平台的特点就是内容短且精、易传播、用户年轻化。

长视频平台包括腾讯视频、爱奇艺、B站等平台，这类平台一般拥有固定的用户群体。

直播平台有虎牙、斗鱼、花椒、映客等，现在很多类型的平台也有直播功能，比如抖音、快手、微博、淘宝等。直播平台的特点就是直观性、即时互动性，用户的代入感强。

音频平台有喜马拉雅、猫耳等。相比于其他平台的视觉效果轰炸，音频平台的特点就是不需要占用双眼，能在各类生活场景中发挥更大的效用。

（二）社交平台

微信是目前拥有用户最多的社交平台，微博也是目前最热门的APP之一，知乎和360问答平台也比较常用。

（三）自媒体平台

今日头条、百家号、大鱼号等自媒体平台，已经成为许多用户获取最新资讯的首选途径。此外，像百度贴吧、豆瓣等论坛平台，也有一定的流量，而且有固定的用户群体。

二、主流新媒体平台定位

目前，微信、微博、今日头条、淘宝和抖音是5个具有代表性的新媒体平台，每个平台的要求和特点也有所不同。

（一）微信

微信是热门的网络营销和推广平台之一，也是新媒体的一个热门载体，很多企业或个人都会建立微信公众号进行专门的营销和推广。

此外，个人微信号的朋友圈也是微信用户发布各种文案的一大阵地，好的朋友圈文案有助于用户建立辨识度高的人设，在朋友圈内形成和扩大自己的影响力。

（二）微博

微博依然是目前流行的信息分享和交流平台，它更注重信息的时效性和开放性，还有博主和用户之间的互动。

在微博上发布的文案,要和博主的人设相符,并结合热点话题吸引粉丝参与信息的传播与扩散。

(三)今日头条

今日头条是一个开放性的新闻推送平台,它会根据用户的订阅内容和阅读习惯为其推荐相关的内容。

如果内容获得平台推荐,就能收获匹配度较高的流量。因此发布在今日头条上的广告文案,要提高广告文案和平台推送内容的匹配度,这样才能增强转化效果。

(四)淘宝

淘宝是一个家喻户晓的购物平台,为网店商品的卖家和买家服务,所以淘宝的主要功能为介绍商品信息。

淘宝文案更侧重于客观介绍产品本身的功能和使用说明,要求客观合规。在保证客观合规的同时,别具一格以及页面设计精良的店铺,往往能给买家留下更深刻的印象。

(五)抖音

抖音是一个娱乐平台,大部分用户是抱着娱乐休闲的目的来观看抖音短视频的。

新媒体文案创作者在策划抖音短视频的脚本和话术时,要注意引导用户关注视频中植入的商品,通过有趣的内容激发用户的购买欲望,这种脚本和话术类似于电影内植入的软广。

项目一课前测试
(任务二)

小提示:扫一扫,完成课前测试,如表1-7所示。

表1-7 课前测试评价表

评价内容	达到目标	积分
认识新媒体平台(15分)	分辨新媒体平台类型	
	说出不同新媒体平台特点	
	了解不同新媒体平台之间的区别	

【课中实操】

一、任务实施计划表

本次任务以了解新媒体平台,能分辨新媒体平台类型为目的。请按照表1-8来完成任务实施。

表1-8 任务实施计划表

序号	步骤	方法与技巧	注意事项
1	检索新媒体平台功能	建议手机端进入新媒体平台后台	
2	归纳不同平台的特点	利用表格登记不同平台的重要信息	
3	选择新媒体平台	利用黄金圈法则	

二、实施过程

（一）检索新媒体平台功能

进入新媒体软件后台，了解平台的功能分布，并对比不同平台的差异化。今日头条后台如图1-12所示。

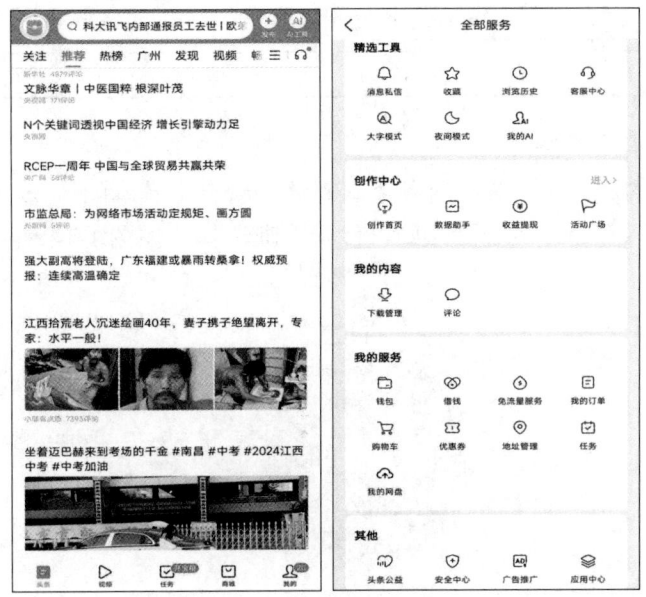

图1-12 今日头条后台

进入微信公众号管理后台，如图1-13所示，详细了解里面每个功能介绍。

图1-13 公众号后台

（二）归纳不同平台的特点

💬 小提示：通过前面的检索步骤，对比平台功能、用户人群、行业应用等特征，汇总平台现有基础信息,填写表 1-9。

表 1-9 不同平台功能、用户人群、行业应用的对比

序号	平台	功能	用户群体	行业应用
1	钉钉(示例)	聊天、会议、直播、考勤等	企业	企业办公、社交
2				
3				
4				

(三)选择新媒体平台

通过前面步骤的学习与摸索,对各类新媒体平台有了基本的认识。那如何选择合适自己的新媒体平台呢?可通过黄金圈法则,便于清晰选择,如图 1-14 所示。

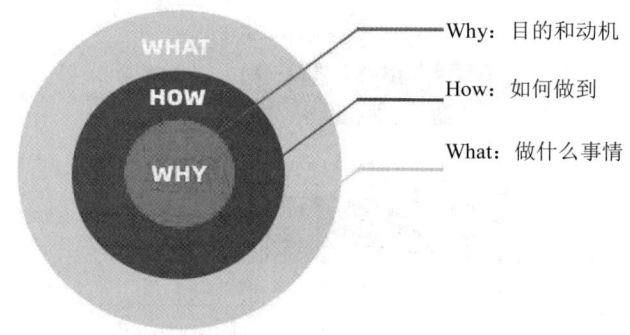

图 1-4 黄金圈法则

"黄金圈法则"概括了看问题的三个层面:

最内层是 Why(为什么):主要讲原因、目标、理念、宗旨。

中间层是 How(怎么做):主要讲怎么做,也就是具体的操作方法和路径。

最外层是 What(是什么):主要讲做什么。

当我们在思考问题时,可以采用黄金圈法则,由内而外探究事物本质,找到解决问题的根本方法。

举例:假设你选择钉钉平台,那么可以从三个层面去思考。

为什么选择钉钉:因为通过钉钉,可提升企业沟通和协同效率。

如何利用钉钉:下载 PC 版、Web 版、Mac 版和手机版,通过手机和电脑间文件互传和工作沟通。

用钉钉可以做什么:视频电话会议、员工考勤、企业通讯录管理、审批等。

🔔 小提示:扫一扫,学习微课:如何选择新媒体平台。

如何选择新媒体平台

请用黄金圈法则,选择合适自己的新媒体平台。按要求填写表 1-10。

表 1-10 选择平台的三个层面

所选新媒体平台：
Why：
How：
What：

三、课中评价表

任务二的课中评价表如表 1-11 所示。

表 1-11 课中评价表

评价项	具体评价内容	达到目标	积分		
			自评	组评	师评
新媒体平台 （45 分）	检索新媒体平台功能	熟悉平台功能			
	归纳不同平台的特点	了解不同平台的特点			
	选择新媒体平台	能找到合适自己的平台			
职业素养 （20 分）	1．能按计划完成工作任务 2．态度端正，思考积极	能以新媒体人身份要求自己，培养良好的工作习惯			
企业导师评语：					

【课后练习】

一、单选题

1．目前，流量较大的平台是（B）。
　　A．知乎　　　　B．抖音　　　　C．小红书　　　　D．快手
2．属于种草类图文平台的是（D）。
　　A．今日头条　　B．知乎　　　　C．B 站　　　　　D．小红书

二、多选题

1．抖音是（ABCD）类型的平台。
　　A．社交　　　　B．短视频　　　C．直播　　　　　D．娱乐
2．主要以视频形式传播的平台有（BCD）。
　　A．今日头条　　B．抖音　　　　C．B 站　　　　　D．快手

【任务拓展】

任务描述：请以助农为目的，选择一个合适自己的新媒体平台，熟悉平台的功能。

课后任务评价表如表 1-12 所示。

表 1-12 课后任务评价表

具体评价内容	达到目标	积分
完成新媒体平台操作（10 分）	熟悉平台的功能	
完成课后任务和作业（10 分）	能结合所学知识点完成作业	

项目二　新媒体岗位认识

📢 项目分析

该项目系统探索新媒体岗位的多样性和重要性，不仅深入介绍各种新媒体岗位的职责和技能要求，而且通过实际案例和操作指导，帮助学员更高效地规划和执行新媒体策略。为确保工作流程的一致性和专业性，项目还强调了绘制标准操作流程（SOP）和组织结构图的重要性。

任务　绘制岗位 SOP

【学习目标】

知识目标
1. 了解并能列举出新媒体行业中的各种岗位群。
2. 了解并能描述不同新媒体岗位的主要职责。
3. 了解并能描述新媒体岗位的具体工作任务。

能力目标
1. 能够有效利用招聘网站，获取并整理新媒体岗位相关资料。
2. 能够熟练绘制新媒体岗位的标准操作流程 SOP。

素养目标
1. 树立客观真实、公平公正的工作原则。
2. 培养实事求是、恪守真实客观的职业素养。

【任务描述】

新媒体的岗位工作岗位有很多，如文案策划、活动策划、网络推广、短视频运营等。本次任务以认识新媒体岗位最终目标，并选择一个新媒体岗位绘制新媒体岗位 SOP。

【课前导学】

一、新媒体岗位群

从招聘网站搜索"新媒体"岗位，我们会发现新媒体设计范围非常广泛，岗位群主要面向具有营销传播需求的互联网企业、传统企业、政府部门和相关事业单位的营销、市场、品牌、公关或宣传部门的岗位，完成社交平台内容运营、社群用户运营、信息推流优化以及策划等工作。根据不同的划分标准，可以将新媒体岗位群划分为以下类型：

（1）按照新媒体岗位技能划分，可以将新媒体岗位群划分为：文案、设计、视频剪辑、投流、策划等岗位。

（2）按照新媒体平台划分，可将新媒体岗位群划分为：小红书运营、抖音运营、B站运营、快手运营、知乎运营等。

（3）按照岗位的工作内容划分，可将新媒体岗位群划分为：短视频运营、文案编辑、社群运营、红人运营、活动运营等。

（4）按照新媒体工作岗位划分，可将新媒体岗位群划分为：新媒体编辑、新媒体运营、新媒体策划、新媒体推广、新媒体客服、商务 BD 等。

二、新媒体的职业技能等级

梳理不同的新媒体岗位职业技能要求，根据上手的难易程度划分，新媒体岗位职业技能等级如图 2-1 所示。

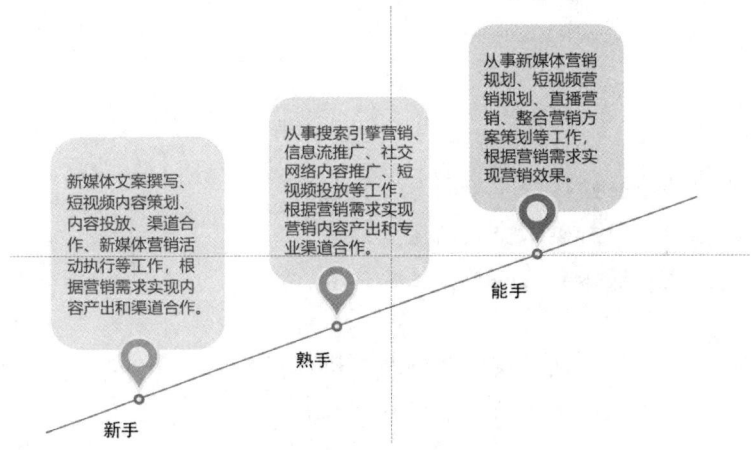

图 2-1　新媒体岗位职业技能等级

三、新媒体岗位职责

新媒体岗位职责如表 2-1 所示。

表 2-1　新媒体岗位职责表

岗位	岗位职责	工作任务	岗位要求
新媒体编辑（文案编辑）	账号开通与设置	能根据不同运营目标，开通不同类型的账号；能根据账号定位，设置账号的头像、简介等基础信息，打造账号人设	熟悉各类新媒体渠道运营规则和特点；熟悉秀米等排版工具的使用；具有一定的审美、创新能力
	选题与发布	能收集整理新媒体各平台的热门内容并编辑及发布；能负责抖音、小红书、公众号相关撰写及发布；能整合并挖掘优质题材，优化内容策略，提升账号粉丝数和内容传播力；能根据不同产品、活动对宣传渠道提供文案支持	

续表

岗位	岗位职责	工作任务	岗位要求
新媒体编辑（文案编辑）	后台管理	能搭建、排版、维护新媒体账号的栏目，设置自定义菜单；能熟练完成设置自动回复、留言管理、投票管理、页面模板等基本操作	
	用户互动	能维护、管理粉丝并互动；及时反馈留言中的关键信息；能根据粉丝画像划分组，定时、定向群发送活动信息等	

🔔 小提示：扫一扫，完成课前测试和学习微课：新媒体岗位介绍。

新媒体岗位介绍

项目二课前测试

【知识补充】

用户运营：构建用户运营体系，通过拉新、促销和留存等，提升用户的活跃度和忠诚度。
内容运营：通过生产和重组内容，满足用户的内容消费需求，提升用户活跃度和忠诚度。
活动运营：策划线上或线下活动，旨在对产品的核心指标有快速和大幅的提升。
产品运营：产品数据监控分析，提高产品数据。
数据运营：用数据指导运营决策、驱动业务增长，属于运营的一个分支，从事数据采集、清理、分析、策略等工作，支撑整个运营体系朝精细化方向发展。
社群运营：搭建管理社群，通过活动、内容等方面的运营手段，提升粉丝黏性和活跃度。
电商运营：包括面向个人的类目运营和面向企业的开放平台运营。
品牌运营：以产品品牌为核心，目的是提升品牌的知名度、认知度和美誉度。
渠道运营：多出现在移动产品运营环节，通过合作或换量的方式，带来新增用户。
商户运营：与用户运营类似，对象是 B 端商户，负责日常运营、流程管理和需求搜集等。
课前测试评价表如表 2-2 所示。

表 2-2 课前测试评价表

评价内容	达到目标	积分
新媒体岗位群（15 分）	清楚新媒体岗位及职责	

【课中实操】

一、任务实施计划表

本次任务以认识新媒体岗位最终目标，并选择一个新媒体岗位绘制新媒体岗位 SOP。请按照表 2-3 来完成任务实施。

表 2-3　任务实施计划表

序号	步骤	方法与技巧	注意事项
1	绘制新媒体企业组织机构图	选择一家新媒体企业，观察并绘制企业组织机构图	
2	认识不同的新媒体岗位及职责	登录招聘网站搜索新媒体岗位，并整理其岗位职责、岗位技能要求	信息收集全面性
3	绘制岗位 SOP	对岗位职责及技能要求信息进行整合及提炼	

二、实施过程

（一）绘制新媒体企业组织机构图

1．网络查找所选意向新媒体公司的相关信息，请描述其职能部门的组成，请列举收集到的部门。

🔔 小提示：职能部门代表工作内容。

2．根据所选的新媒体公司，确认新媒体运营平台以及分工，填写表 2-4。

表 2-4　新媒体平台组织机构

团队所选的新媒体平台	
公司管理层级	
主要职能部门	
推广部门岗位	
采用的企业组织机构类型	

3．绘制所选定的新媒体公司的组织机构图。

（二）认识不同的新媒体岗位及职责

登录招聘网站搜索新媒体岗位，如微信社群运营，并整理 10 个岗位的岗位职责、岗位技能要求。

1．登录招聘网站，搜索新媒体岗位并整理信息，如图 2-2 和图 2-3 所示。

图 2-2　招聘网站岗位搜索结果

项目二 新媒体岗位认识

图 2-3 招聘网站岗位招聘信息

2．收集整理岗位信息，填写表 2-5。

表 2-5 岗位信息

岗位	岗位职责	工作任务	岗位要求

（三）绘制岗位 SOP

"岗位 SOP" 即 Standard Operation Procedure 标准作业程序，就是将某一事件的标准操作步骤和要求以统一的格式描述出来，用来指导和规范日常的工作。新媒体团队小组讨论后，决定利用社交媒体微信进行推广，社群裂变活动策划流程如图 2-4 所示。

为了提升社群的运作效率，社群运营每天都在了解用户从不同流量路径进入社群的各个环节（微信昵称、头像、个人签名、欢迎语、自我介绍、入群介绍、微信朋友圈内容完善等），设置不同文案或操作，反复测试效果及反馈调整，带给用户最好的体验同时反馈数据，以提升工作效率。

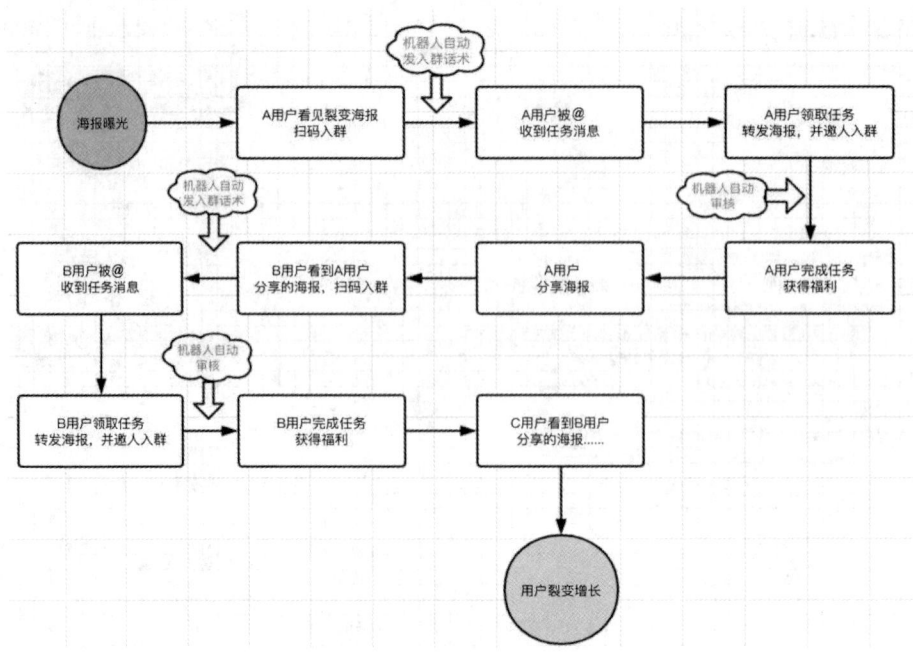

图 2-4 社群用户裂变增长逻辑图

如图 2-5 所示,以用户运营(岗位)中的微信社群裂变(岗位职责)为例,绘制了微信社群裂变 SOP。按要求完成微信社群运营岗位 SOP 绘制,如社群运营,网络运营岗位。(主要工具:Xmind 软件或 Windows PowerPoint)

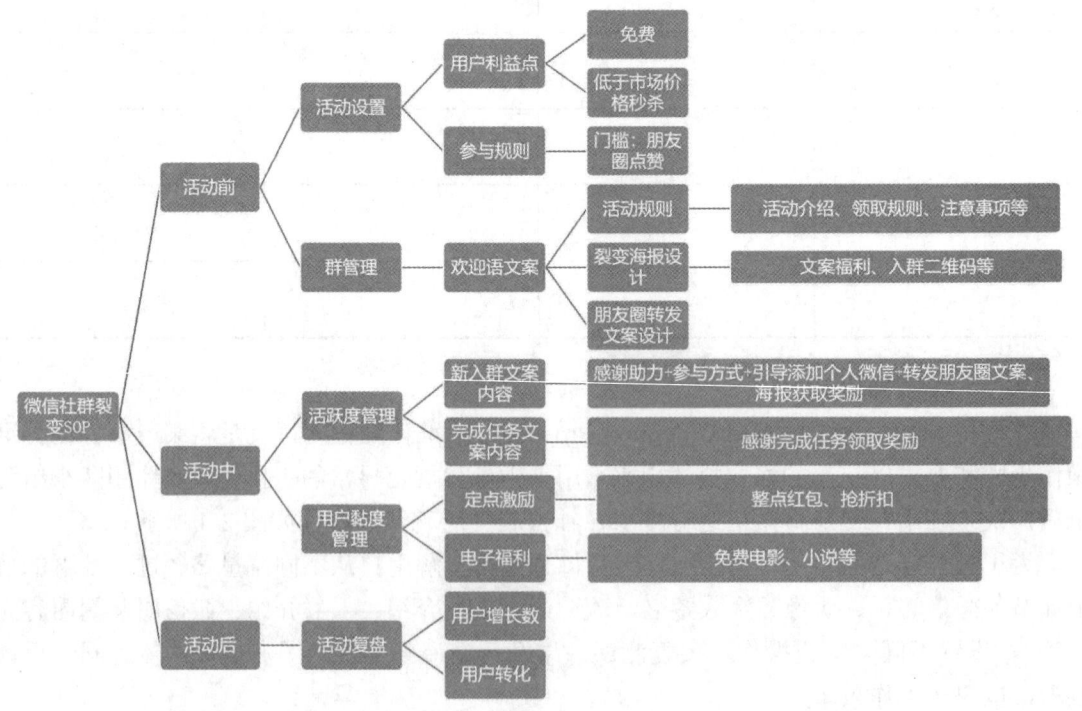

图 2-5 微信社群裂变 SOP

三、课中评价表

课中评价表如表 2-6 所示。

表 2-6　课中评价表

评价项	具体评价内容	达到目标	积分		
			自评	组评	师评
绘制岗位 SOP（45 分）	新媒体岗位	明确岗位群职责			
	新媒体岗位职责	岗位职责标准化			
职业素养（20 分）	1．能按计划完成工作任务 2．态度端正，思考积极	能以新媒体人身份要求自己，养成良好的专业素养			
企业导师评语：					

【课后练习】

一、单选题

1．新媒体运营岗的"用户运营"工作是（B）。
　　A．数据分析　　　　　　　　B．用户调研
　　C．投放　　　　　　　　　　D．内容选题
2．新媒体运营的工作内容不是（D）。
　　A．用户运营　　　　　　　　B．渠道运营
　　C．内容运营　　　　　　　　D．产品运营

二、多选题

1．直播间里场控的工作内容有（BCD）。
　　A．选品　　　　　　　　　　B．调节气氛
　　C．发放权益　　　　　　　　D．产品上架
2．新媒体运营岗位职责包括（ABCD）。
　　A．内容运营　　　　　　　　B．渠道运营
　　C．用户运营　　　　　　　　D．数据分析

【任务拓展】

任务描述：现需搭建直播团队，在直播平台帮助推广销售农产品。首先为其团队设定岗位及分工，请根据表 2-7 提示完成团队分工，表格可根据需求增加内容。

表 2-7　团队分工表

成员	岗位职责	分工	备注

在了解主播的岗位职责后，请策划一场荔枝直播活动并绘制主播岗位的 SOP 图。课后任务评价表如表 2-8 所示。

表 2-8　课后任务评价表

具体评价内容	达到目标	积分
完成主播岗位 SOP 绘制（10 分）	明确岗位工作流程标准化	
完成课后任务和作业（10 分）	能结合所学知识点完成作业	

模块二　新媒体文案创作

学习情境

阳春三月，百花盛开。荔枝花灿烂开放，增城区派潭镇的荔枝果园内，蜜蜂勤劳采蜜，养蜂人采集荔枝蜜，把过滤后的荔枝蜜包装好，准备销售。请您根据任务目标，为当地农家的荔枝蜜创作新媒体文案。

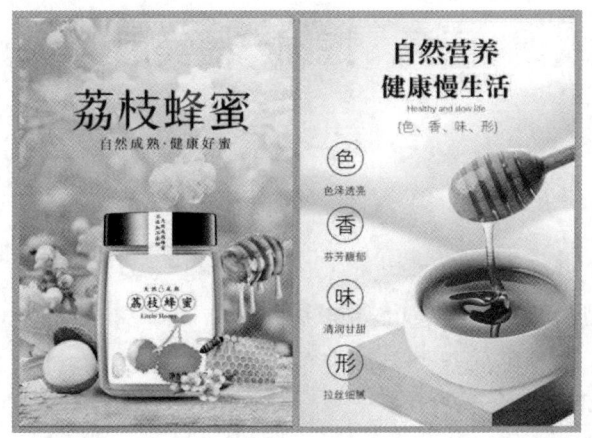

荔枝蜜介绍

知识导图

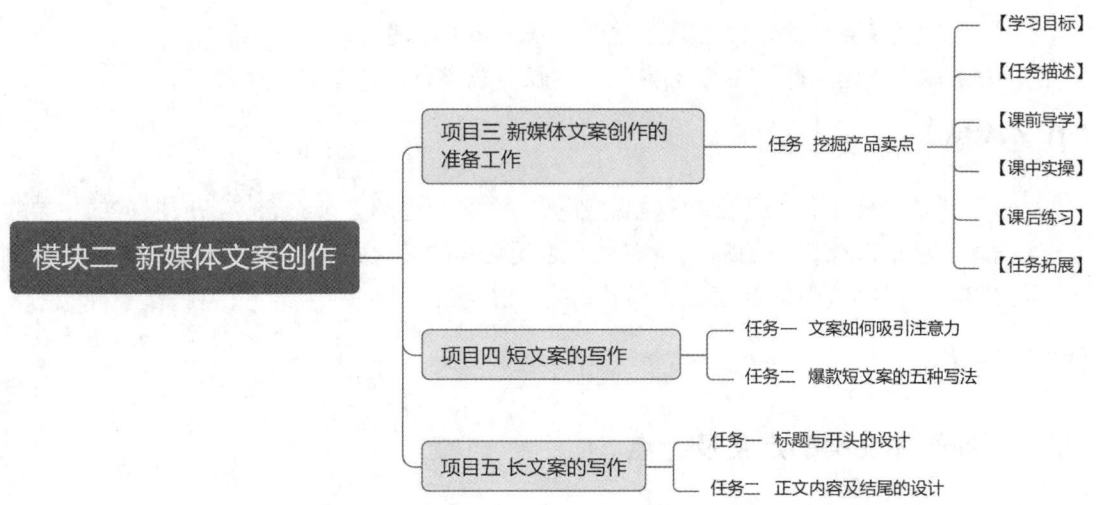

项目三　新媒体文案创作的准备工作

📢 项目分析

本项目旨在帮助学习者深入理解和掌握新媒体文案的核心要点和创作技巧。通过系统提供文案的基础知识、创作步骤以及实际应用任务，学习者将学习如何有效地挖掘产品卖点，准确传达产品或服务的独特价值，从而吸引目标用户并提高文案的市场转化率。

任务　挖掘产品卖点

【学习目标】

知识目标
1. 了解新媒体文案的定义及其特点。
2. 掌握不同类型的新媒体文案的辨识方法。
3. 理解新媒体文案创作的四个关键步骤。
4. 熟悉 USP 理论的概念和应用。

能力目标
1. 能够根据产品特点和投放目的，选择合适的文案类型。
2. 会运用发散思维树和金字塔方法来发现产品的卖点。

素养目标
1. 培养客户服务意识，注重服务质量，提升用户满意度。
2. 树立职业道德观念，不夸大宣传、不散布虚假信息、坚持诚信经营。

【任务描述】

文案，就是有转化目的的文字输出。那么，文案的主题必须结合产品或服务的主要卖点，这样才能精准匹配用户的痛点与需求，达到文案的转化目的。本次任务以生成创意简报为最终目标，其中提炼产品卖点为本次任务的重难点。

【课前导学】

一、新媒体文案的定义及特点

新媒体文案是基于新媒体广告的表现形式，具体包含语言文字、创意想法、图片等信息。具有发布成本低、互动性强、目标人群精确、传播渠道及形式多元化、文案易被用户再创作等特点。

二、新媒体文案的类型

（一）按广告目的分类：销售文案和品牌传播文案

1. 销售文案

销售文案是用于提升产品或服务销售转化效果的文案，如双十一大促推广文案、产品福利活动文案，其目的为了增加销售业绩。销售文案具备三个特点：明确的商品卖点、立刻购买的理由、明确的购买引导。销售方案示例如图3-1所示。

图 3-1　销售文案

2. 品牌传播文案

品牌传播文案是用于扩大企业或品牌影响力的文案，如企业品牌故事、创始人故事，不要求文案一经发布就立即产生销量，但其有益于塑造和维护企业长期的良好形象。品牌传播文案具备三个特点：展示品牌形象及特点；展示品牌精神；带动品牌传播。品牌传播文案示例如图3-2所示。

图 3-2　品牌传播文案

（二）按文案篇幅的长短分类：短文案和长文案

长文案一般为字数 500 字以上文案，如微信公众号里的产品推广文案，电商产品详情页,目标用户通过详细阅读完成购买。长文案示例如图 3-3 所示。

图 3-3　长文案

短文案一般为字数低于 500 字的文案,多用在海报图、朋友圈或微博中,短文案更强调激起目标用户交流的欲望,通过后续的沟通进行转化。短文案示例如图 3-4 所示。

图 3-4　短文案

（三）按广告植入方式分类：软广告与硬广告

按照植入方式，广告可分为软广告和硬广告两类，对应的新媒体文案则分为软文和直接推广的文案。

软文具有一定的隐蔽性，一开始不会直接介绍产品或服务，而是通过其他的方式引入广告，受众不容易察觉到广告的存在。

直接推广的文案则相反，是将直白的内容发布在对应的媒体平台上。

（四）按文案的投放渠道分类：微信朋友圈、公众号和 APP 等

三、文案创作的四步骤

（一）确定文案写作目的

明确本次文案撰写的主要目的。目的不同，则文案写作的思路和方法也不同，一般文案有品牌传播、提高销售和推广活动三个目的，示例如图 3-5 所示。

图 3-5　品牌传播、提高销售和推广活动

（二）生成文案创意简报

文案创意简报也叫创意纲要，在广告公司主要用来指导文案的创意、撰写及制作。但对于企业文案来说，自行列出文案创意简报有利于文案的最终出品。一般解决这三个问题：对谁说、说什么、在哪说。

（三）输出文案

找到本次文案需要解决的问题，结合媒体投放渠道的特性，再进行创意思考，最后完成文案的写作输出。

（四）文案复盘

对已做过的工作内容再次进行梳理、总结，可通过数据、目标人群的反馈将文案工作中的优点及缺点一并总结。

🔔 小提示：扫一扫，完成课前测试，如表 3-1 所示。

项目三课前测试

表 3-1　课前测试评价表

评价内容	达到目标	积分
新媒体文案基础知识（15 分）	能分辨新媒体文案类型	
	能说出不同新媒体平台特点	
	能根据产品特点及投放目的选择合适的文案类型及平台	

【课中实操】

一、任务实施计划表

本次任务以生成创意简报为最终目标，其中提炼产品卖点为本次任务的重难点。请按照表 3-2 来完成任务实施。

表 3-2　任务实施计划表

序号	步骤	方法与技巧	注意事项
1	挖掘用户痛点	淘宝评论法	
2	确定目标人群	找出用户痛点后，结合搜索引擎调研方法，找到荔枝蜜的目标人群	
3	分析竞争对手产品	清楚荔枝蜜竞争对手产品特点，可使用以下方法：①调研；②淘宝评论法	
4	提炼产品卖点	使用 USP 理论分析荔枝蜜的优势特点	不夸张、不虚构
		结合消费者的痛点与产品自身优势特点，使用发散思维树和金字塔方法提炼卖点	痛点与卖点是相对立的
5	生成创意简报	归纳总结	

二、实施过程

（一）挖掘用户痛点

你觉得增城荔枝蜜消费者的痛点是什么？

_____

_____

🔔 小提示：在淘宝中输入"荔枝蜜"进行搜索，点击"销量"，让搜索结果按销量排名，选择排名前三的产品打开，点击宝贝评论的"查看全部"，从评价关键字、数据及商品标题中找出竞争对手的产品特点，如图 3-6 所示。

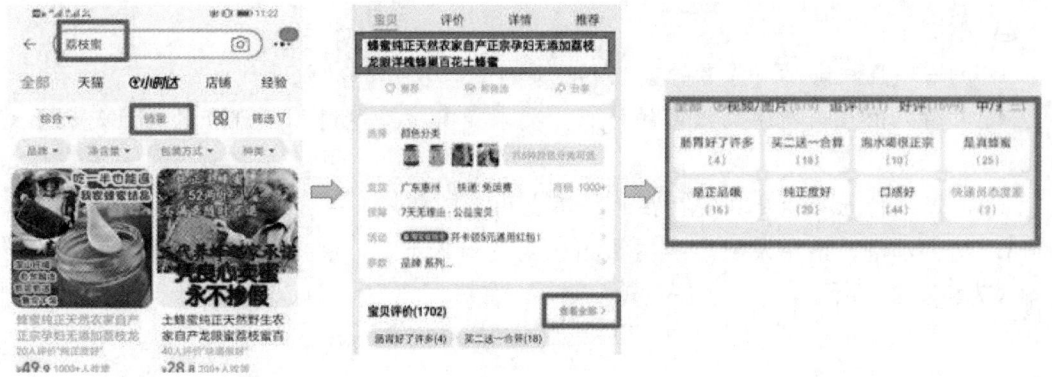

图 3-6　淘宝评论法

（二）明确目标人群

确定增城荔枝蜜的目标人群。

_____

_____

🔔 小提示：找出用户痛点后，结合搜索引擎调研方法，找到荔枝蜜的目标人群。

（三）分析竞争对手产品

请列出增城荔枝蜜竞争对手的产品特点。

_____

_____

（四）提炼产品卖点

1．请说出什么是 USP 理论。

_____

🔔 小提示：扫一扫，学习微课：USP 理论。

独特的销售主张（Unique Selling Proposition），简称 USP 理论，也叫创意理论。该理论要求有以下三点：

（1）每个广告不仅靠文字或图像，还要对消费者提出一个明确的利益。

USP 创意理论

（2）这个利益点必须是本产品独具的、竞争对手不能或不曾提出的。

（3）这个利益点必须有利于销售，影响到大部分消费者。

而卖点的提炼需要结合消费者的特点及产品自身的优势特点。

2．请用 USP 理论列出增城荔枝蜜的卖点。

_____

_____

🔔 小提示：
（1）增城荔枝蜜对消费者的直接利益是什么，即产品功效是什么？
（2）请列出几个增城荔枝蜜的特点，要求是其他竞争对手不曾有的并且是利于销售的优点。
（3）产品特点必须是真实存在的，不虚构、不夸张。

3．结合示例，请用发散思维树状图让创意出其不意，深挖增城荔枝蜜的创意卖点，如图 3-7 和图 3-8 所示。

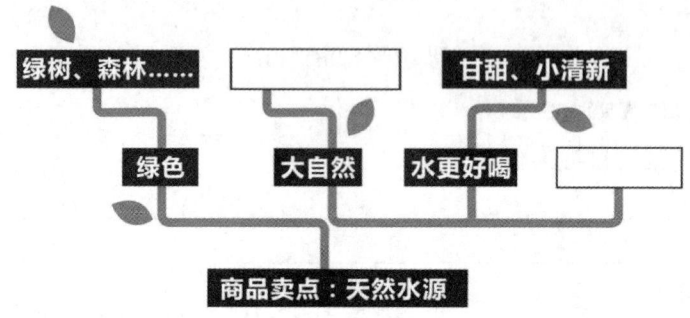

图 3-7　发散思维树状图

图 3-8　增城荔枝蜜发散思维树状图

（五）生成创意简报

请根据上面所学知识，进行归纳总结，生成一份文案创意简报。

工作描述：_____

文案目的：_____

用户痛点：_____

目标人群：_____

产品卖点：_____

发布平台：_____

三、课中评价表

课中评价表如表 3-3 所示。

表 3-3　课中评价表

评价项	具体评价内容	达到目标	积分		
			自评	组评	师评
创意简报 （45 分）	**明确利益点**：卖点是否能解决消费者痛点	能应用 USP 理论分析产品卖点			
	独特性：卖点是否优于或"异于"竞争对手				
	利于销售：卖点是否能影响大部分消费者	能应用发散思维树或金字塔挖掘产品卖点			
	真实性：卖点真实，不虚构、不夸张				
职业素养 （20 分）	1. 能按计划完成工作任务 2. 在文案创作过程中，能实事求是地描述产品卖点，并满足客户需求 3. 态度端正，不无故缺勤、不迟到、不早退	能以新媒体人身份要求自己，养成良好的专业素养			

企业导师评语：

【课后练习】

一、单选题

1. 按广告植入方式，地铁上的广告牌属于（A）。
   A．硬广告　　　　　　　　　B．软广告
   C．荧光屏广告　　　　　　　D．销售广告
2. 按文案篇幅分类，产品包装上的文案属于（B）。
   A．长文案　　　　　　　　　B．短文案
   C．传统文案　　　　　　　　D．销售文案

二、多选题

品牌传播文案的特点有（ABC）。
   A．展示品牌形象及特点　　　B．展示品牌精神
   C．带动品牌传播　　　　　　D．快速增加销售

【任务拓展】

任务描述：请以广州市增城区荔枝为例，用金字塔原理列出它的卖点（可增加填写位置），如图 3-9 所示。

图 3-9　金字塔原理图

课后任务评价表如表 3-4 所示。

表 3-4　课后任务评价表

具体评价内容	达到目标	积分
完成荔枝的卖点挖掘（10 分）	能用金字塔原理准确挖掘卖点	
完成课后任务和作业（10 分）	能结合所学知识点完成作业	

项目四　短文案的写作

🔊 项目分析

本项目旨在指导学习者从吸引用户注意力的角度理解并撰写有效的短文案。深入探讨如何通过文案满足用户的需求并吸引他们的注意力。本项目进一步专注于销售文案的写作技巧，详细介绍了五种经典的短文案写法，并通过实际应用来加深学习者的理解，提升技能。

任务一　文案如何吸引注意力

【学习目标】

知识目标
1. 了解消费趋势对新媒体文案的新要求。
2. 了解短文案含义及其特点。
3. 理解文案吸引力检验清单的内容和用途。

能力目标
1. 能够使用文案吸引力检验清单判断短文案的特性。
2. 会运用与我相关、制造对比、启动情绪、激发好奇心四种方法来创作文案。
3. 能够有效地捕捉文案创作的灵感。

素养目标
1. 培养创新思维，提高符合正确价值观的能力。
2. 培养求真务实的职业操守，强化道德意识和诚信原则。

【任务描述】

文案写作，不是创造文学作品，无须刻意研究辞藻是否华丽，也不能只是站在自己的角度来写。人永远都只会关注与自身相关的事物，只有从用户需求的角度出发，创作的文案才能吸引到用户的注意力。本次任务要在上一个项目挖掘出荔枝蜜卖点的基础上，使用文案吸引注意力的四个方法来创作荔枝蜜的短文案。

【课前导学】

一、消费趋势变化对新媒体文案的新要求

消费趋势：
（1）大众的碎片时间被信息洪流长时间占用。

（2）可展示有效信息的空间越来越小。

（3）大众的注意力也变得越来越稀缺。

新要求：

（1）快速吸引注意力。

（2）具有代入感，能够持续吸引人读下去。

（3）需要有信任感，这样消费者才会对产品或服务有购买意向。

二、短文案的定义及特点

所谓短文案，其实就是一句短小精悍（140字以内）、让人印象深刻、值得细细品味、易于传播的方案，类似陈欧体、凡客体是很成功的短文案。短文案具有以下4个特点：

（1）快：快速抓住客户痛点。

（2）准：把特定的产品，准确卖给特定所需的人。

（3）稳：坚守正道，不坑、不骗，做好自己的事。

（4）狠：直面客户的痛点。

🔔 小提示：扫一扫，完成课前测试，如表4-1所示。

项目四课前测试
（任务一）

表4-1　课前测试评价表

评价内容	达到目标	积分
短文案基本概念（15分）	能说出短文案的四大特点	

【课中实操】

一、任务实施计划表

本次任务要在上一个项目挖掘出荔枝蜜卖点的基础上，使用文案吸引注意力的四个方法来创作荔枝蜜的短文案，如表4-2所示。

表4-2　任务实施计划表

序号	步骤	方法与技巧	注意事项
1	找准痛点与卖点	结合上一项目的结论。找准客户痛点，找准产品卖点	痛点与卖点是相对关系
2	创作文案	用"与我相关、制造对比、启动情绪、激发好奇心"四种方法创作文案	富有创意，实事求是
3	分发测试	撰写初稿后，先在小范围内（朋友圈或微博）进行文案分发测试（可添加插图），收集反馈意见	图文内容遵守公序良俗

二、实施过程

（一）找准痛点与卖点

请罗列出上一个项目你找到的目标客户痛点及深挖到的荔枝蜜卖点。

🔔 小提示：根据上一个项目所学挖掘卖点知识，痛点与卖点是相对的。

（二）创作文案

🔔 小提示：扫一扫，学习微课：四种文案吸引注意力的法宝。

四种文案吸引
注意力的法宝

1. 与我相关

人总是关注自己想关注的内容，对任何与自己没有直接利益和生存关系的事情都不太在乎。文案中使用"你"这个词，更容易被注意和理解。

例如：文案在说明一个农产品更新鲜的时候。

普通版：新鲜的荔枝运送比以前更快，可即日送达。

优化版：新鲜的荔枝可即日送达你手上。

而文案要怎么写才能与我相关呢，把自己想象成目标客户，目标客户的痛点就与我相关了，而痛点的对立面就是产品的卖点。可从两个方向考虑：与"我"的收益相关；与"我"的标签相关，如图4-1所示。

图4-1 与"我"的收益相关

我的卖点是什么？能够给消费者带来的好处或价值是什么？然后用目标人群最能理解的语言表达出来，如图4-2所示。

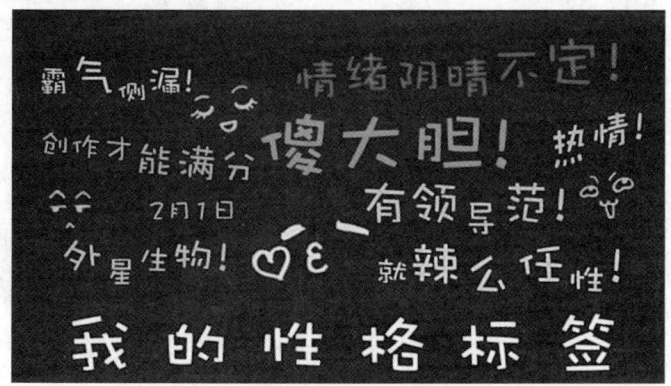

图4-2 与"我"的标签相关

我的名字、个性、属相、星座、血型、母校、出生地等一切能够定义我是谁,我来自哪里、我的个性是什么等的标签,都能起到共情共鸣的效果。

分享者不仅关注与自己相关的标签,且更愿意分享出去,以展示或树立个人的社会形象。

请使用"与我相关"的方法写一篇荔枝蜜的短文案,可配插图。

_____

_____

2. 制造对比

制造对比又分为以下 4 种对比:

(1)效果前与后的对比:指产品使用前后的效果对比,通常图片比文案的视觉效果更佳,如图 4-3 所示。

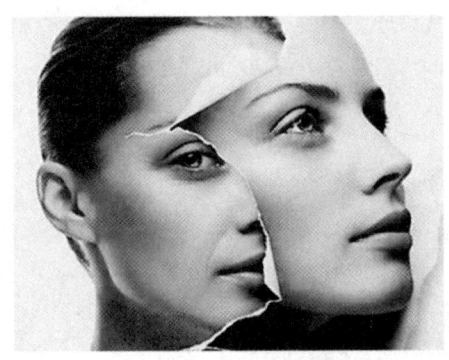 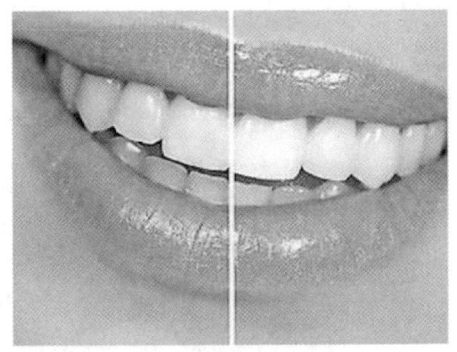

(a)抗衰老效果对比图　　　　　　(b)牙齿美白前后对比图

图 4-3　效果前后对比

(2)解决前与解决后的对比:例如,步步高学习机的文案"妈妈再也不用担心我的学习了!"

(3)价格对比:多用于促销活动中,价格一般由商家决定,如图 4-4 所示。

图 4-4　价格对比

(4)与竞争对手对比:通过与竞争对手的对比,告诉消费者商品优势。要做到客观对待、不能恶意诋毁竞争对手。

在制造对比的四种对比中,请你选择一种对比方式,写一篇荔枝蜜的短文案,可配插图。

_____

_____

3. 启动情绪

文案的目的是提高销售,而目标客户是有情绪的,如何抓住客户的情绪,我们可以从两方面着手。

(1)趋利心理:客户购买商品后,希望获得什么利益,即从商品中得到什么?可理解为产品的卖点,如图 4-5 所示。

图 4-5　趋利心理

(2)避害心理:客户害怕的事情或场景,可理解为目标客户的痛点。趋利心理与避害心理是相对立的,即卖点与痛点也是相对立的,如图 4-6 所示。

图 4-6　避害心理

请使用"启动情绪"的方法写一篇荔枝蜜的短文案,可配插图。

_____

_____

4. 激发好奇心

（1）知觉性好奇。知觉性好奇是由新奇的视觉或听觉上的刺激引起的，通过新的刺激引发个体的探索行为。

例如：某手机品牌一直都在宣传"全新""首创的某某技术"。

（2）认识性好奇。认识性好奇是由知识上的不确定性引起的，激发个体提出疑问、寻找答案，最终获得知识。这种好奇就像牛顿由一个掉落的苹果引发"为什么苹果会掉落"的思考，从而发现万有引力定律一样。

例如：99%的人都不知道的清除水果表面残留农药的妙招。

（3）人际好奇。人际好奇主要是人们在社会生活领域中产生的社会性好奇，包括信息缺口好奇；兴趣关联好奇；社会比较好奇。

例如："你知道海底捞厉害，可你未必知道它真正恐怖在哪里。"

"喜欢足球的人会知道'英意西德'四大联赛，却不知道这个联赛。"

请使用"激发好奇心"的方法写一篇荔枝蜜的短文案，可配插图。

_____

_____

（三）分发测试

请结合以下短文案案例学习文案吸引力检验清单，并检验自己创作的短文案，如表 4-3 所示。

表 4-3　文案吸引力检验清单

文案（对应项打钩）	与我相关	制造对比	启动情绪	激发好奇心
北上广不相信眼泪，云滇南不缺乏原味				
绿色、天然，永远领"鲜"一步				
离彩云最近的食物				
山泉水，就是不一样，有点甜				

💡 小提示：吸引注意力的四大法宝不是独立的，它们之间互相有关联，一个文案可以包含多种方法。

经过检验后的初稿，除了吸引力具备外，还需要有一定的传播性。所以，语言精妙和富有创意也应该满足。把创作的文案上传到实训平台，收集反馈意见，并在朋友圈或微博进行编辑发布。

三、课中评价表

课中评价表如表 4-4 所示。

表4-4 课中评价表

评价项	具体评价内容	达到目标	积分		
			自评	组评	师评
四大法宝（45分）	与我相关：巧用"你"字	能分别用与我相关、制造对比、启动情绪、激发好奇心四种方法写出农产品的文案			
	制造对比：四种对比				
	启动情绪：趋利心理、避害心理				
	激发好奇心				
职业素养（20分）	1. 按时完成订单任务 2. 认真完成任务 3. 文案工作者职业素养	能以新媒体人身份要求自己，养成良好专业素养			

企业导师评语：

【课后练习】

【单选题】

1. 文案"不需要开冷气，您家里的每个房间就能立刻凉爽无比！"属于（B）。
   A．制造对比 B．与我相关
   C．启动情绪 D．引起好奇心
2. 文案"7岁女孩扛起爷爷的一片天。"属于（C）。
   A．与我相关 B．制造对比
   C．启动情绪 D．引起好奇心

【多选题】

新媒体文案产生代入感一般的方法有（ABCD）。
   A．讲故事 B．造悬念
   C．用情怀 D．提问题

【任务拓展】

任务描述：请以广州市增城区荔枝为例，创作一篇富有吸引力的短文案，并在朋友圈发布。课后任务评价表如表4-5所示。

表4-5 课后任务评价表

具体评价内容	达到目标	积分
完成荔枝的短文案创作（10分）	具备文案吸引力，有创意	
完成课后任务和作业（10分）	能结合所学知识点完成作业	

任务二　爆款短文案的五种写法

【学习目标】

知识目标
1. 了解销售性文案的特点。
2. 熟悉短文案的五种经典写法。

能力目标
1. 能够灵活运用短文案的五种经典写法，创作涉农产品的短文案。
2. 能够独立撰写销售性文案，包括吸引目标客户并促进销售。

素养目标
1. 培养销售思维，提高助农意识，促进农村经济发展。
2. 培养扎实的文案功底，注重职业操守和道德，倡导诚信和责任意识。

【任务描述】

通过上一个任务的学习，基本掌握了文案如何吸引用户注意力。接下来，利用吸引力法则，结合经典的五种短文案写法，学习如何写销售类文案。本次任务要求使用五种短文案方法，并结合吸引注意力法则来创作荔枝蜜的短文案。

【课前导学】

一、新媒体销售文案

要了解销售文案，得先了解用户对于广告的认知。用户购买的三个步骤：认知—情感—行动，在认知阶段，广告的主要目的是让用户觉察，知道有这个品牌、这个商品或服务；在情感阶段，主要是产生联想和偏爱，有信任感；在行动阶段，广告目的主要是为了刺激或引发购买欲望。

而我们的销售文案，主要用于刺激行动的阶段。销售文案，主要是为了快速销售商品，微信公众号为了销售商品或服务的文章，淘宝、天猫、京东的商品详情介绍页，这些都属于销售文案。销售文案有下述三大特点。

（一）给出立刻购买的理由

如图 4-7 所示，购买理由一次重点只突出一个，如果还有更多的购买理由，可用副标题的形式突出；如果目标人群对主要购买理由不感兴趣的话，次要的购买理由还能从另一方面继续打动客户。

（二）制造紧张感、稀缺感

如图 4-8 所示，制造紧张感、稀缺感。比如限时、限量的方式，更容易让人冲动购买。

图 4-7 给出立刻购买的理由

图 4-8 制造紧张感、稀缺感

（三）有明确的购买引导

如图 4-9 所示，有明确的购买引导，比如"立即购买""立即抢购"的按钮设计，都是在引导购买。

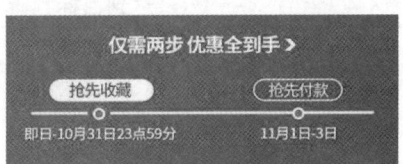

图 4-9 有明确的购买引导

二、五种经典短文案写法与吸引注意力的联系

五种经典短文案写法与吸引注意力的联系如表 4-6 所示。

表 4-6　五种经典短文案写法与吸引注意力的联系

序号	方法结构	具体说明	吸引注意力法则
方法一	直接说出好处+促使立即行动	好处是否足够吸引人	启动情绪中的趋利心理
方法二	提出很想解决的问题+给出解决方法	用户有没有很想解决即一直没有解决的问题？	与我相关、启动情绪中的避害心理
方法三	描述场景+说明严重后果	如果不做这件事或不买这个产品会造成什么严重后果？	启动情绪中的避害心理与激发好奇心
方法四	提出一个有趣或颠覆认知的问题	这件事中能提出什么有趣或颠覆认知的问题？	激发好奇心
方法五	把话说一半	这件事有什么关键信息能埋在文章里？	激发好奇心

🔔 小提示：扫一扫，完成课前测试及学习微课：短文案的五种经典写法。

四种文案吸引注意力的法宝

项目四课前测试（任务二）

课前测试评价表如表 4-7 所示。

表 4-7　课前测试评价表

评价内容	达到目标	积分
乌榄短文案的写作（15 分）	灵活运用吸引注意力的四种方法	

【课中实操】

一、任务实施计划表

本次任务要求使用五种短文案方法，并结合吸引注意力法则来创作荔枝蜜的短文案，如表 4-8 所示。

表 4-8　任务实施计划表

序号	步骤	方法与技巧	注意事项
1	撰写文案创意简报	运用项目一所学知识撰写荔枝蜜文案创意简报	
2	创作短文案	分别使用五种方法创作荔枝蜜的短文案	富有创意，实事求是
3	发布文案	把创作的文案上传到实训平台，并在朋友圈或微博进行编辑发布	图文内容遵守公序良俗

二、实施过程

(一)撰写荔枝蜜创意简报

工作描述:＿＿＿＿＿＿＿＿＿＿＿＿＿＿＿＿＿＿＿＿＿＿＿＿＿＿＿＿＿＿＿＿＿

文案目的:＿＿＿＿＿＿＿＿＿＿＿＿＿＿＿＿＿＿＿＿＿＿＿＿＿＿＿＿＿＿＿＿＿

目标人群:＿＿＿＿＿＿＿＿＿＿＿＿＿＿＿＿＿＿＿＿＿＿＿＿＿＿＿＿＿＿＿＿＿

用户痛点:＿＿＿＿＿＿＿＿＿＿＿＿＿＿＿＿＿＿＿＿＿＿＿＿＿＿＿＿＿＿＿＿＿

产品卖点:＿＿＿＿＿＿＿＿＿＿＿＿＿＿＿＿＿＿＿＿＿＿＿＿＿＿＿＿＿＿＿＿＿

发布平台:＿＿＿＿＿＿＿＿＿＿＿＿＿＿＿＿＿＿＿＿＿＿＿＿＿＿＿＿＿＿＿＿＿

(二)创作短文案

1. 方法一:直接说出好处+促使立即行动

(1)限时限量:目的是要让顾客有种"现在下手太划算了,赶紧下手,不然就来不及了"的感觉,示例如表4-9所示。

表4-9 方法一(限时限量)示例

可使用的字眼	举例
好处+限×××人领取	快来抢9.9元现金红包,限500人领取!
好处+活动仅剩×天时间	全场零售满199减99,活动仅剩3天!
好处+最后×小时	小龙虾最大力度促销,最后6小时!

(2)制造人气:目的是让顾客觉得"这么多人都认同,质量一定不错",示例如表4-10所示。

表4-10 方法一(制造人气)示例

可使用的字眼	举例
销量领先	××奶粉,中国销量遥遥领先!
断货王	什么!这款女装一上市就卖断货了?
×××人都在用	明星超模都在吃它,今夏最红的瘦身餐!
点赞最高	知乎点赞最高的70个神回复,看完整个人都神清气爽!

请使用"方法一"方式创作荔枝蜜的短文案。

＿＿

＿＿

2. 方法二:提出很想解决的问题+给出解决方法

运用了吸引注意力的"与我相关"及"启动情绪"的方法,说出与我有关的具体的问题或场景表现,并给出解决方法从而满足客户的避害心理。需要注意的是从问题到解决方法的逻辑要合理,示例如表 4-11 所示。

表 4-11 方法二示例

描述问题	给出解决方法
牙龈出血	交给细齿洁
怕上火	喝王老吉
孩子不吃饭	饭前嚼一嚼
胃不好	吃猴菇饼干,养胃

请使用"方法二"方式创作荔枝蜜的短文案。
_____
_____

3. 方法三:描述场景+说明严重后果

前半句与方法二相似,后半句则说明"你不用我的产品会有什么不良后果",文案中多用"不"字,如图 4-10 所示。

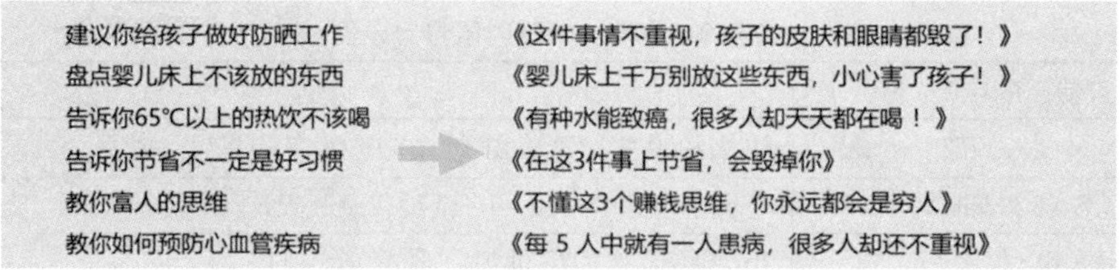

图 4-10 描述场景+说明严重后果

请使用"方法三"方式创作荔枝蜜的短文案。
_____
_____

4. 方法四:提出一个有趣或颠覆认知的问题

多用疑问句,运用了吸引注意力的"激发好奇心"方法,如图 4-11 所示。

图 4-11 提出一个有趣或颠覆认知的问题

请使用"方法四"方式创作荔枝蜜的短文案。

_____

_____

5. 方法五：把话说一半

此方法也运用了吸引注意力的"激发好奇心"方法，不难发现，很多短文案的写作方法也适用于后面将要学习的软文标题。例如：

"有种水天天喝会致癌！"

"在这3件事上节省，会毁掉你"

请使用"方法五"方式创作荔枝蜜的短文案。

_____

_____

（三）发布文案

请把以上所创作的五个荔枝蜜文案上传到实训平台，并在朋友圈或微博进行编辑发布。

_____

_____

_____

三、课中评价表

任务二课中评价表如表4-12所示。

表4-12　课中评价表

评价项	具体评价内容	达到目标	积分		
			自评	组评	师评
创作短文案（45分）	直接说出好处+促使立即行动	能分别用五种方式写出农产品的短文案			
	提出很想解决的问题+给出解决方法				
	描述场景+说明严重后果				
	提出一个有趣或颠覆认知的问题				
	把话说一半				
职业素养（20分）	1. 按时完成订单任务 2. 认真完成任务 3. 文案工作者职业素养	能以新媒体人身份要求自己，养成良好的专业素养			

企业导师评语：

【课后练习】

【单选题】

1. 不属于新媒体销售文案的特点是（D）。
   A．给出立刻购买的理由　　　　B．制造紧张感、稀缺感
   C．有明确的购买引导　　　　　D．性价比高

2. 文案结构"直接说出好处+促使立即行动"符合吸引力法则的（A）。
   A．启动情绪的趋利心理　　　　B．制造对比
   C．与我相关　　　　　　　　　D．引起好奇心

【多选题】

制造紧张感、稀缺感的销售文案，一般的方法有（ABC）。
   A．限时　　　　　　　　　　　B．限量
   C．限购人次　　　　　　　　　D．满减优惠

【简答题】

创作一篇新媒体销售文案，应具备哪些特点？需注意哪些事项？

【任务拓展】

任务描述：请以广州市增城区荔枝为例，创作一篇新媒体销售短文案，并在朋友圈发布。任务二课后任务评价表如表 4-13 所示。

表 4-13　课后任务评价表

具体评价内容	达到目标	积分
完成荔枝的短文案创作（10 分）	具备文案吸引力，有创意	
完成课后任务和作业（10 分）	能结合所学知识点完成作业	

项目五　长文案的写作

📢 项目分析

此项目旨在培训学习者掌握新媒体长文案的核心写作策略与技巧。首先,它深入解析了长文案的特性、结构,以及与短文案的差异,教授如何设计引人入胜的标题和开头,确保文案既具有深度又不失吸引力。随后,项目转向新媒体文案的创作框架,探索如何增强文案的代入感和信任感,以及如何巧妙布局关键词来提高搜索引擎优化的效果。

任务一　标题与开头的设计

【学习目标】

知识目标
1. 了解长文案的特点及类型。
2. 了解长文案标题与短文案之间的联系和差异。
3. 熟悉长文案的内容模块和结构。

能力目标
1. 能够掌握长文案标题与开头的设计方法,以提高文案的吸引力和效果。
2. 熟练设计农产品长文案的标题和开篇段落,以达到引人阅读的目的。

素养目标
1. 培养逻辑思维能力,提高助农意识,促进农村经济发展。
2. 培养求实务真的职业操守,注重职业道德和诚信原则,在文案工作中诚实和负责任。

【任务描述】

吸引人眼球的标题越来越重要,而新媒体文案开头即具有承上启下的作用。所以,开头要与标题相呼应,否则会给读者"文不对题"的印象。本次任务主要在标题设计的基础上,创作一个与之相呼应的开头。其中,学习使用多种开头方式是本次任务的重点。

【课前导学】

一、长文案的特点

(1)信息具体:相对短文案,长文案的信息容量大,能传达更具体的内容。一两句话说不清楚的,可以慢慢说。情绪不够的,可以慢慢堆积起来。

（2）深度说服：说服的时间越长，产品卖出去的可能性越大。如果这个购买理由不够，我可以再给你更多。总有一两句文案，能够戳中你、说服你。

（3）支撑观点：结论是靠充足的依据和合理的逻辑支撑起来的，深入解释来为自己的观点提供佐证。比如，恋爱要趁早。你不能直接告诉一个结论，这难以让人信服。让人接受这个观点结论，需要提供一个从原因到结果的推理过程。

（4）延长阅读：因为篇幅的原因，你不得不注意力集中。时间充裕，让读者更容易消化这些信息。这种沉浸式阅读，能引导读者往自己想要的方向思考。

二、长文案的内容模块

新媒体长文案都必须围绕互联网用户进行设计，所有内容模块都要紧扣主题展开，如图 5-1 所示。

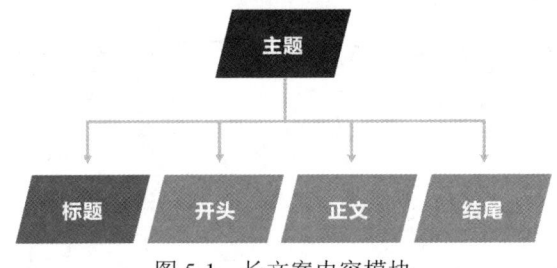

图 5-1　长文案内容模块

三、长文案的类型

（一）产品文

产品文主要围绕产品的内容展开，提供具体的产品信息特点。特别要注意，这类文案的语言表达方式要人性化，通俗易懂。

（二）干货文

干货文科普知识，实用性较强。一般是抛问题，然后给出解决方案。

（三）观点文

观点文提出自己的一个观点，表明自己的一个立场。接着，充分阐述证明。一般用 3~5 个论据来阐述观点，既能说透，又不会太长。

（四）情节文

情节文通过起承转合的讲述，用故事来表达出自己的观点，或者营造一种情绪。情节文案更有吸引力和趣味性，更重要的是自己的诉求可以融于故事当中，很平缓地传递信息，不会生硬尴尬。

小提示：扫一扫，学习微课：长文案的类型结构。

长文案的类型结构

四、长文案标题与短文案的联系

短文案可以直接用来做长文案的标题，同样可用吸引注意力法则进行检验长文案标题，如表 5-1 所示。

表 5-1　长文案标题与短文案的联系

标题拟定方法	案例	吸引注意力法则
数字化	如何读书，消化这 5 条就够了！	与我相关，激发好奇
人物化	马云谈雾霾：希望我真是外星人能逃回我的星球。	激发好奇
历程化	我如何把荔枝卖出 10 万斤？	与我相关，激发好奇
体验化	一段小小的视频，上百万人都看哭了！	与我相关，激发好奇
恐惧化	如果你不在乎钙和维他命，请继续喝这种豆浆！	与我相关，启动情绪
稀缺化	快领！购物优惠券明天过期！	与我相关，启动情绪
热点化	里约奥运约不起？伊利喊你楼下小广场见！	与我相关
神秘化	文案的秘籍教程，按照 5 步写文案。	与我相关，激发好奇
模拟化	[微信红包]恭喜发财，大吉大利！领取周末门票吧？[有人@你] 圣诞老人来送礼，就问你要不要？	与我相关，激发好奇

小提示：扫一扫，完成课前测试。
课前测试评价表如表 5-2 所示。

项目五课前测试（任务一）

表 5-2　课前测试评价表

评价内容	达到目标	积分
长文案相关概念（15 分）	能说出长文案的特点及类型	
	清楚长文案的内容模块	
	清楚短文案与长文案标题之间的联系	

【课中实操】

一、任务实施计划表

本次任务主要在标题设计的基础上，创作一个与之相呼应的开头。其中，学习使用多种开头方式是本次任务的重点，如表 5-3 所示。

表 5-3　任务实施计划表

序号	步骤	方法与技巧	注意事项
1	确定文案标题	运用项目五所学知识，结合本项目标题拟定方法	不虚假，不夸张
2	设计文案开头	用故事型、图片型、简洁型、思考型、金句型创作文案开头	富有创意，实事求是
3	上传实训平台	把五种开头方式+标题文案上传到实训平台（或其他新媒体平台）	

二、实施过程

（一）确定文案标题

请写下荔枝蜜长文案的标题。

_____

_____

🔔 小提示：根据课前导学知识，拟定新媒体文案标题，要与主题内容相呼应，不能过于"标题党"。

（二）设计文案开头

1. 故事型

标题——想成为带货主播，必须学会讲故事。

开头——王大爷今年已经快 70 岁，还在直播间卖农产品，而且直播间实时观看人数达千人。秘诀就在于：王大爷没有直接吆喝卖货，而是在直播间分享农村生活，给观众很强的代入感。

请使用"故事型"的方法创作一篇荔枝蜜的文案开头，可配插图，要与标题相呼应。

_____

_____

2. 图片型

使用一张好的图片可以极大地增加读者目光的停留时间，并提升读者的阅读欲望。图片的存在给了文案更好的表现形式，示例如图 5-2 所示。

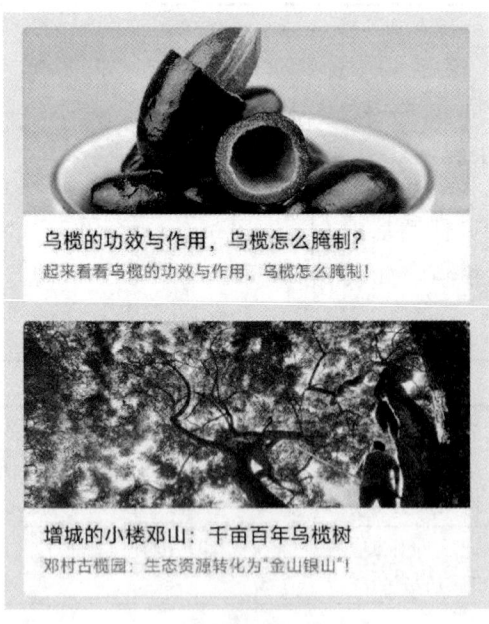

图 5-2 图片型开头示例

请使用"图片型"的方法写一篇荔枝蜜的文案开头,要与标题相呼应。

_____

_____

3. 简洁型

如果标题已经写得很明白,那么开头可以一笔带过,一句话点题即可。

标题——我今晚在抖音直播,你约吗?

开头——晚上9点,我又要进行抖音助农直播了!

请使用"简洁型"的方法写一篇荔枝蜜的文案开头,要与标题相呼应。

_____

_____

4. 思考型

思考型开头通常以问句的形式,通过向读者提问,引导读者带着问题阅读后文。

标题——为什么只有5%的人可以用个人品牌赚钱?

开头——网红时代,究竟什么样的草根适合在网上打造个人品牌?

没有基础的人利用工作之余在网上赚钱,需要哪些特质?

都在谈"互联网+",企业网络营销的方法能否被个人所用?

有人说"成功的方法有很多,而失败的原因却很相似"。

最近李老师和一些曾经信誓旦旦打算做个人品牌的同学进行了深度沟通,

发现导致大家无法进行下去的原因总结起来无非是以下五个。

请使用"思考型"的方法写一篇荔枝蜜的文案开头,要与标题相呼应。

_____

_____

5. 金句型

在文章开头放入金句,可以直击人心、发人深思、一针见血,最能抓住人。(下面开头例子加粗字体为金句)

标题——你迷茫什么啊,还不如去学文案。

开头——年轻人经常把一个词挂在嘴边:迷茫。

我不喜欢自己的专业,我好迷茫啊!

我不是名校背景,我好迷茫啊!

……

没有迷茫过的青春不是正常现象,唯有通过迷茫的挣扎才能找到真实的自我。

问题是有些同学以迷茫为借口,拒绝回到现实。

我的建议:这个时候,不妨去学点什么。

请使用"金句型"的方法写一篇荔枝蜜的文案开头,要与标题相呼应。

（三）上传实训平台

请把确定的一条标题与五种不同方式的开头形成文案，上传到实训平台或其他新媒体平台。

三、课中评价表

课中评价表如表 5-4 所示。

表 5-4 课中评价表

评价项	具体评价内容	达到目标	积分		
			自评	组评	师评
开头设计（45分）	故事型开头	文案开头能与标题相呼应，符合设计特点			
	图片型开头				
	简洁型开头				
	思考型开头				
	金句型开头				
职业素养（20分）	1. 按时认真完成任务 2. 文案工作者的职业素养	能以新媒体人身份要求自己，养成良好的专业素养			

企业导师评语：

【课后练习】

【单选题】

1. 文案开头一般要与标题（C）。
　　A．反差　　　　　　　　　　B．转折
　　C．相呼应　　　　　　　　　D．总结
2. 标题"[有人@你] 国庆送豪礼，就问你要不要？"属于（D）。
　　A．体验化　　　　　　　　　B．稀缺化
　　C．神秘化　　　　　　　　　D．模拟化

【多选题】

用于新媒体文案开头有吸引力的方法有（ABC）。
　　A．故事型　　　　　　　　　B．思考型
　　C．图片型　　　　　　　　　D．简洁型

【任务拓展】

任务描述：请以广州市增城区荔枝为例，创作文案的标题与开头，具备吸引力。

_____
_____
_____

课后任务评价表如表 5-5 所示。

表 5-5　课后任务评价表

具体评价内容	达到目标	积分
创作荔枝的文案标题与开头（10 分）	标题与开头相呼应，有吸引力	
完成课后任务和作业（10 分）	能结合所学知识点完成作业	

任务二　正文内容及结尾的设计

【学习目标】

知识目标
1. 了解新媒体销售文案的创作框架。
2. 了解新媒体文案如何产生代入感。
3. 了解新媒体文案如何产生信任感。
4. 掌握关键词在内容中的布局和运用。

能力目标
1. 能够掌握新媒体文案正文内容和结尾的设计技巧，提高文案的吸引力和影响力。
2. 能够独立创作有关农产品销售的长文案，采用合理的内容布局和表达技巧。

素养目标
1. 培养销售思维，提高助农意识，促进农村经济发展。
2. 培养扎实的文案功底，注重职业操守和道德原则，在文案工作中诚信和负责任。

【任务描述】

长文案不能空有吸睛的标题和精致的开头，却缺乏充实的内容。高质量的文案只有内容充实、逻辑严密、行文流畅、表达准确，才能始终吸引用户的注意，达到营销的目的。本次任务以撰写一篇荔枝蜜销售性长文案为最终目标，其中如何撰写具有信任感的正文内容为本次任务的重难点。

【课前导学】

一、新媒体销售文案的创作框架

短的销售文案，只要满足三个特点即可：给出立刻购买的理由，制造紧张感、稀缺感，有明确的购买引导。但是，如果是一篇长的销售文案，比如微信公众号里销售商品或服务的文案，又或者是淘宝商品详情介绍页的文案，则需要运用一个销售文案的写作框架，如图 5-3 所示。

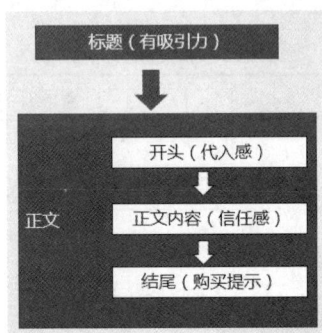

图 5-3　销售文案创作框架图

标题吸引注意力、文案开头要有代入感，正文要有说服力（信任感），结尾要重复卖点并有明确购买提示。

二、新媒体文案如何产生代入感

代入感就是把受众带进一个特定的销售场景中。通常有四种方法，可结合上一项目关于设计文案开头的知识点进行创作。

（1）讲故事：适合同质化严重的产品或服务。
（2）提问题：适合有明显特色产品。
（3）用情怀：适合非生活必需品或情怀类风格的品牌。
（4）造悬念：侧重于解决方案。

三、新媒体文案如何产生信任感

如何降低风险？增加信任，证明卖点。可以采取七个方法：用权威；反权威；用细节；用数据；客户自证；示范效果；说愿景。

小提示：扫一扫，学习微课：如何增加文案信任感。

如何增加文案信任感

四、内容关键词布局

（一）选出核心关键词

先把能想到的、与业务相关的关键词都罗列出来。再借助"百度指数"与"微指数"

了解关键词质量，将合适的关键词挑选出来，如图 5-4 所示。

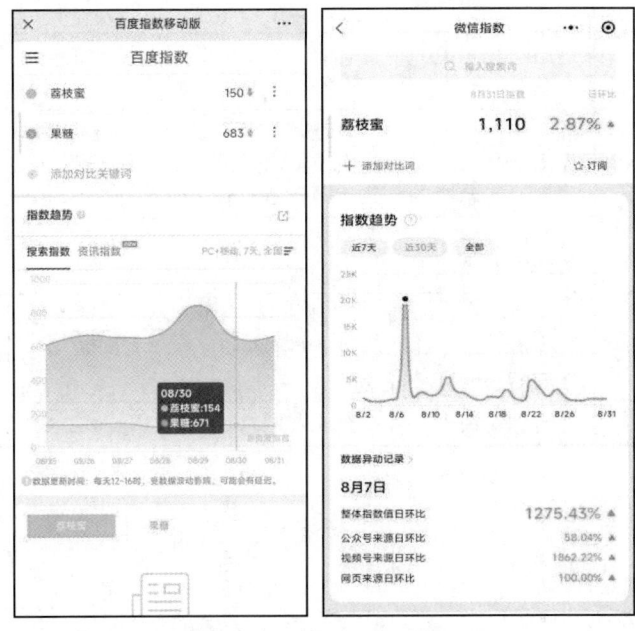

图 5-4 百度指数、微指数

（二）关键词布局

将选出的核心关键词，布局在标题、摘要、正文中，不过需要注意关键词布局要没有违和感，不能过于刻意。

🔔 **小提示**：扫一扫，完成课前测试。

课前测试评价表如表 5-6 所示。

项目五课前测试
（任务二）

表 5-6 课前测试评价表

评价内容	达到目标	积分
内容关键词布局（15 分）	能罗列出荔枝蜜的关键词	
	会使用"百度指数"或"微指数"	
	能挑选出合适的关键词	

【课中实操】

一、任务实施计划表

本次任务以撰写一篇荔枝蜜销售性长文案为最终目标，其中如何撰写具有信任感的正文内容为本次任务的重难点。请按照表 5-7 完成任务实施。

表 5-7　任务实施计划表

序号	步骤	方法与技巧	注意事项
1	设计标题	运用与我相关、制造对比、激发好奇心、启动情感的方法	结合销售主题
2	撰写开头	开头强调代入感的同时还需点明消费者的关注点，并提出商品与之对应的卖点。通过讲故事、提问题、用情怀、造悬疑的方式让消费者有代入感	呼应标题
3	撰写正文	正文内容需让消费者感到可信，证明卖点的同时，还需注意打消购买的相关顾虑	图文内容遵守公序良俗
4	设计结尾	结尾总结并重复卖点，让购买者对于文案提过的卖点更为清晰，并且给出明确的购买提示如"立即购买"，提高购买的行动概率	
5	发布完整文案	上传到实训平台或发布朋友圈	

二、实施过程

（一）设计标题

运用与我相关、制造对比、激发好奇心、启动情感的方法，结合上一任务关于标题拟定的知识点，设计标题初稿。

（二）撰写开头

开头强调代入感的同时还需点明消费者的关注点，并提出商品与之对应的卖点。通过讲故事、提问题、用情怀、造悬疑的方式让消费者有代入感，结合上一任务关于文案开头的知识点，撰写开头初稿。

（三）撰写正文

正文内容需让消费者感到可信，证明卖点的同时，还需注意打消购买的相关顾虑。结合课前导学知识点，从用权威、反权威、用细节、用数据、客户自证、示范效果、说愿景七个方向中选 1～2 个方向捕捉创作灵感。

以"用细节+说愿景"为例，创作一段荔枝蜜的文案。

用细节：荔枝蜜产蜜的详细过程

说愿景：从产品的卖点出发，让客户获得归属感和体验感

🔔 小提示：学习"用细节和说愿景"的案例。

用细节：某品牌手机，十核旗舰处理器，全金属一体化机身，4100mAH 超长续航，全新 MIUI10。

说愿景：一些同质化非常严重的商品，实用性并不是特别强，通常用说愿景的感性方式去满足归属和尊重的需要，如图 5-5 和图 5-6 所示。

图 5-5　运用明星代言展现美好形象的愿景

图 5-6　用体验描述坐在沙发上的舒适感

（四）设计结尾

一则文案的标题、开头、故事写得再好，如果最终没能促成用户购买，也算不上是一篇成功的文案。所以，设计结尾是转化成功关键的一步。

结尾总结并重复卖点，让购买者对于文案提过的卖点更为清晰，并且给出明确的购买提示如"立即购买"，增加购买的行动概率。同时，需注意打消购买者的相关顾虑。

1. 打消价格顾虑

当用户对产品的价格敏感度较高时，采用限时、限量、限制身份的策略制造稀缺性，仍然不足以激发其进行购买，用户会在文案推广产品与竞品的频繁比较之中犹豫不决。因此文案需要主动证明价格的合理性，有策略地打消用户对价格的顾虑，帮助其轻松、快速地做出购买决策。建议从以下 3 个方面考虑：

（1）竞品价格对比。

（2）设立阶梯价格。

（3）转换获益视角。

2. 消除消费心理阻力

很多用户阅读完文案，虽然产生了购买意愿，最终却没有成功购买。之所以会出现这样的情况，一方面是因为价格因素影响了用户的决策，另一方面是因为其他更复杂的心理因素。例如"7天无理由退换""假一赔十"。

通常而言，用户的消费心理阻力主要来源于以下3个方面：

（1）消费合理性。

（2）消费保障性。

（3）消费隐私性。

新媒体文案创作者应在文案中给予关注，有效地解决心理阻力。

请为荔枝蜜设计一个结尾，具备购买提示的同时，还要打消客户购买的相关顾虑。

_____
_____

（五）发布完整文案

把上面长文案各个内容模块进行归纳优化，形成一篇完整的长文案，注意前后衔接及关键词的嵌入，并上传到实训平台。

标题：_____

开头：_____

正文：_____

结尾：_____

三、课中评价表

课中评价表如表 5-8 所示。

表 5-8　课中评价表

评价项	具体评价内容	达到目标	积分		
			自评	组评	师评
荔枝蜜长文案（45分）	标题	标题引人注意			
	开头	具有代入感			
	正文	内容让人产生信任			
	结尾	打消购买顾虑，给出购买提示			
	整体效果	符合主题，结构完整			

续表

评价项	具体评价内容	达到目标	积分		
			自评	组评	师评
职业素养（20分）	1. 按时完成订单任务 2. 认真完成任务 3. 文案工作者的职业素养	能以新媒体人身份要求自己，养成良好的专业素养			

企业导师评语：

【课后练习】

【单选题】

1. 新媒体销售文案的标题具备主要特性是（D）。
   A. 代入感　　　B. 信任感　　　C. 购买提示　　　D. 吸引力
2. 不属于用户的消费心理阻力主要来源的是（A）。
   A. 品牌力　　　B. 消费合理性　　C. 消费保障性　　D. 消费隐私性

【多选题】

1. 使文案产生信任感的方法有（ABCD）。
   A. 用权威　　　B. 用细节　　　C. 客户自证　　　D. 说愿景
2. 创作文案时，结尾为强化消费意愿，促成购买的方法有（BCD）。
   A. 留下故事的伏笔　　　　　　B. 制造稀缺性
   C. 打消价格顾虑　　　　　　　D. 消除消费心理阻力

【任务拓展】

任务描述：请以广州市增城区荔枝为例，创作一篇新媒体销售长文案，并在朋友圈发布。

课后任务评价表如表 5-9 所示。

表 5-9　课后任务评价表

具体评价内容	达到目标	积分
完成荔枝的销售性长文案创作（10分）	具备文案吸引力，有创意	
完成课后任务和作业（10分）	能结合所学知识点完成作业	

模块三　新媒体视觉设计

学习情境

阳春三月，荔枝花灿烂开放。荔枝以品种多、品质优、口感佳和历史悠久而驰名中外。通过上一个项目的学习，学生已经掌握了产品文案及卖点的提炼方法，接下来需要结合荔枝的产品卖点进行图片设计。请您根据任务目标，为霞姐家的荔枝完成图文海报设计，为后续产品发布与直播预告做好准备。

知识导图

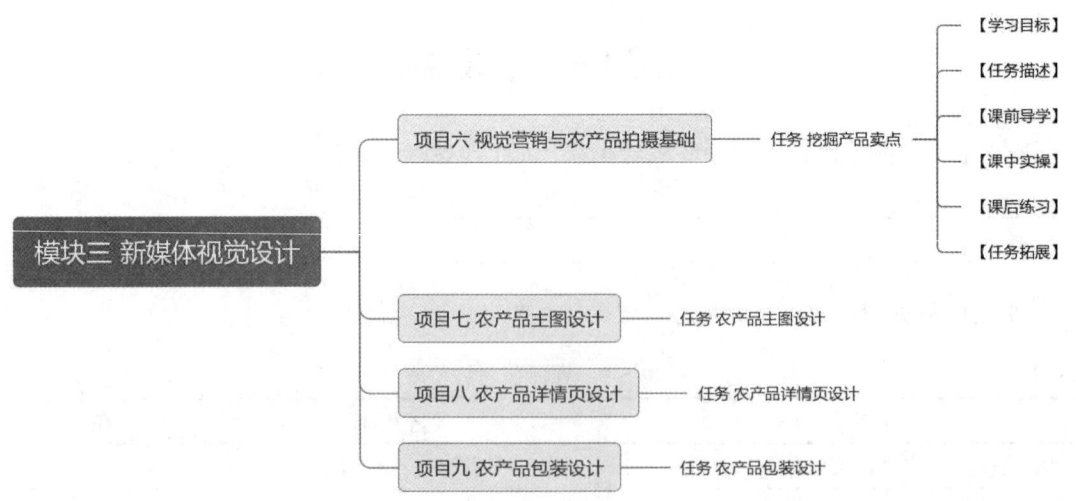

项目六　视觉营销与农产品拍摄基础

项目分析

本项目旨在通过实践和理论学习，使学员深入了解并掌握新媒体视觉设计中的农产品拍摄技巧。在新媒体时代，视觉营销是品牌和产品推广的关键手段。学员将获得视觉营销基础知识、农产品拍摄前期准备、器材选择和使用、拍摄技巧以及构图方法等相关知识。此外，本项目包括课后练习和实践任务，以确保学员能将所学知识应用于实际情境。

任务　挖掘产品卖点

【学习目标】

知识目标
1. 了解视觉营销的基本概念。
2. 掌握农产品图片拍摄的步骤。
3. 理解农产品图片拍摄的要求。
4. 熟悉农产品拍摄技巧。

能力目标
1. 能够完成根据产品特点进行的农产品图片拍摄。
2. 会根据农产品图片的用途进行分类整理。

素养目标
1. 培养遵纪守法意识。
2. 培养精益求精的工匠精神和职业素养。

【任务描述】

在这个任务中，我们将学习农产品拍摄技巧，通过了解视觉营销，掌握农产品拍摄的思路和美化的方法，呈现农产品的卖点。经过本任务的学习，学会如何利用所提炼的农产品卖点进行展示拍摄，掌握通过图片呈现卖点的技巧。

【课前导学】

一、视觉营销基础认知

视觉营销作为一种传播距离较短、传播面较广的营销方式，受到了众多营销者的青睐。

若用拆解法来理解视觉营销,则"视"可以理解为眼睛看到的一切,"觉"可以理解为受众的感受和想法,"营"可以理解为营造氛围,"销"可以理解为销售机会。通俗地说,视觉营销就是让受众在视觉上受到冲击,或者在感官上得到美的享受,从而激发受众产生购买欲望的一种营销手段。

新媒体时代,抢占受众注意力是营销者开展营销推广的首要工作,视觉作为传递信息与受众沟通的主要要素,理所当然地占据着营销推广的重要地位。因此,也可以这样理解视觉营销:视觉营销就是通过视觉的冲击和审美来最大化地呈现品牌特色和商品价值,突出品牌的差异,从而达到品牌推广或商品销售的目的。农产品拍摄也是如此,拍摄中需要尽可能地将产品特性展现出来,吸引客户从而达到营销转化的目的。

挂绿荔枝红中带绿,因果身中间有一道绿痕而得名,产品稀少,价值高,有"一颗挂绿一粒金"之说。图片很好地把这一特性展现出来,如图6-1所示。

图6-1　挂绿荔枝

二、农产品拍摄步骤

(一)摄影前期准备工作

1. 了解常用拍摄器材

摄影器材是指照相机及其附件,如镜头、遮光罩、外接闪光灯等,还包括与摄影活动有关的各种附属设备,如三脚架、相机包、遮光板、反光板、摄像灯等,如图6-2所示。

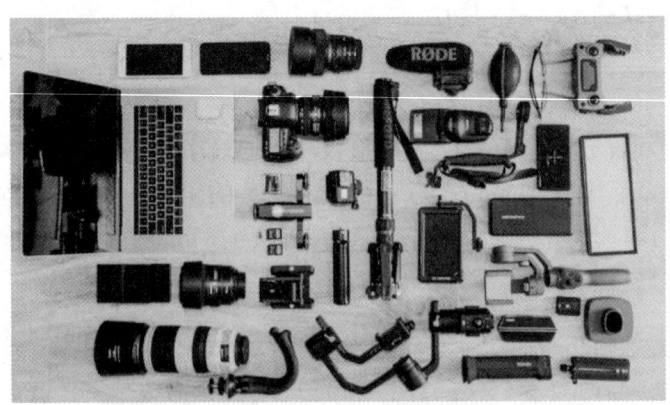

图6-2　拍摄设备展示

2. 单反相机常用参数

单反相机常用参数，如图 6-3 所示。

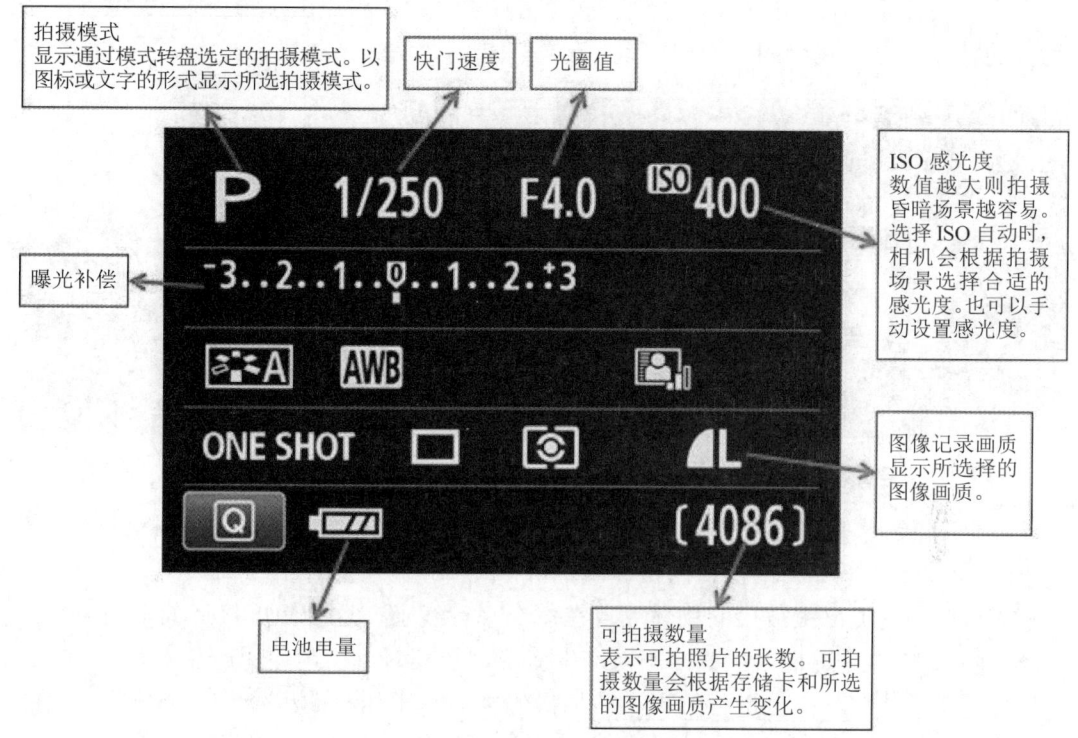

图 6-3 单反相机常用参数

光圈：控制镜头的进光量，字母"F"后面的数字就是光圈值。其中数字越小，光圈越大，镜头进光量越多，画面越亮，景深越浅，背景越模糊。

快门：相机打开到关闭所用的时间。快门速度越快，曝光时间越短，进光亮越少，画面越暗。为防止抖动，快门速度最好低于焦距的倒数。如焦距 50mm 时，使用快门要高于 1/50 秒。

感光度（ISO）：ISO 越高，可以捕捉到的光亮就越多。同时，ISO 越高，拍出的照片噪点越多（其他条件不变）。一般 ISO 控制在 800 以下，画质都不错，白天最好使用 100 的 ISO。

焦距：如镜头上的 18~55mm，就是指此镜头的焦距为 18~55mm，其中 f3.6~5.6 是指焦距为 18mm 时，此时光圈最大为 3.6；焦距为 55mm 时，最大光圈会变为 5.6。焦距越长，相机和被拍物体之间的距离越近。

景深：就是能够清晰成像的距离范围。景深小，前景清晰，背景模糊；景深越大，前景和背景越清晰。

曝光补偿：在取景器中，曝光表一般调整至 0，向右调增加曝光，向左调，减少曝光。

3. 了解摄影常用构图

（1）三分法构图：三分法构图也被称为九宫格构图，是一种比较常见的构图方法。

（2）对角线构图：对角线构图的图片有动态张力，更加活泼。将主体产品安排在画面的对角线上,会有更好的纵深效果和立体效果。

(3)对称式构图:对称构图有上下对称、左右对称等,具有稳定平衡的特点。在建筑摄影中表现建筑的设计平衡,稳定性。广泛应用于镜面倒影中,表达出唯美意境,画面平衡性的特点。对称式构图多用于建筑、倒影拍摄等,如图6-4所示。

图6-4 九宫格构图与对称构图

4. 了解摄影常用拍摄角度

拍摄角度包括平摄、仰摄、俯摄、微距。

(1)平摄是机位跟被摄的物体大致在一个平行线上,这种角度接近人眼的习惯。平视构图的主要特点是透视效果好,不易产生变形,会相对真实地还原产品形态。

(2)仰摄是从下往上进行拍摄,被拍摄的主体高于相机的机位,这个角度拍出的照片具有很大的视觉冲击力,可以很好地表现出被摄物体的高大。

(3)俯摄:俯摄和仰视机位正好相反,拍摄从高角度进行拍摄,这种拍摄方式比较适合大场景,可以表现出场景的辽阔。在拍摄产品时,俯视拍摄多用于拍摄产品顶面。

(4)微距:微距特别适合拍摄野花、鸟鱼虫等细小的东西,对细节可以进行充分展示,如图6-5所示。

图6-5 微距

(二)农产品图片拍摄流程

首先,确定图片的拍摄风格:室内摆拍、情景烘托拍摄、户外实拍、模特代言等;

其次,制定拍摄方案:需要针对自己的产品选择适合的模特、场景,以及如何利用细节呈现，更好地突出商品的卖点。

再次，要了解跟拍流程，确定跟拍方式，制定拍摄方案及清单。

最后，掌握选片以及文档管理，要从上百张甚至上千张原图照片中选择符合当初确定风格、角度的图片，从而完美地呈现商品的卖点、特点。在挑选过程中精益求精地发挥工匠精神，选择最优的图片素材进行制作。具体流程如图 6-6 所示。

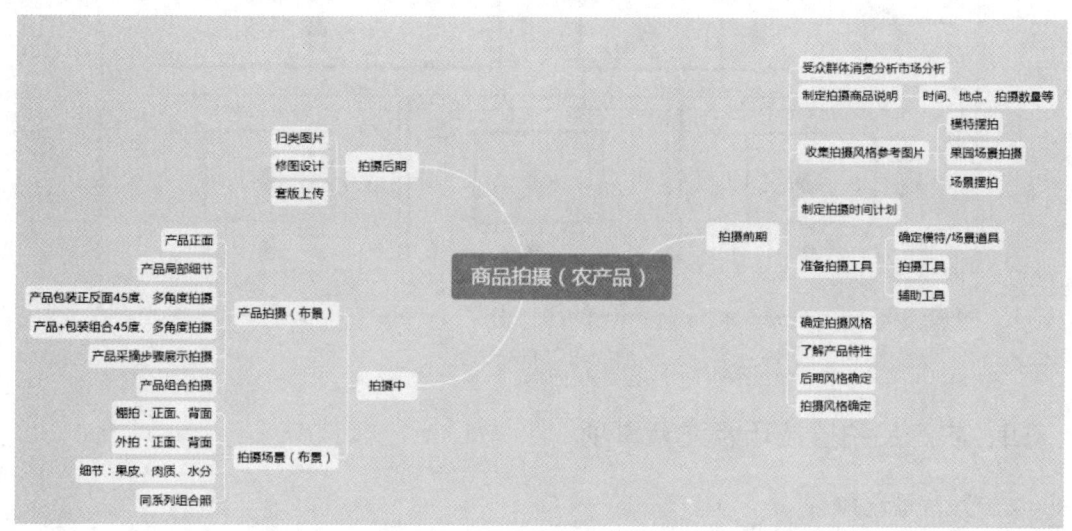

图 6-6　商品拍摄流程（农产品）

三、光线选择与布光技巧

（一）光源选择

常见光源分为自然光源及人造光源，如图 6-7 所示。

图 6-7　光源选择

（二）布光技巧

常见的布光方式有正面两侧布光、两侧 45 度角布光、不均衡布光、前后交叉布光、后方布光等方式，如图 6-8 所示。

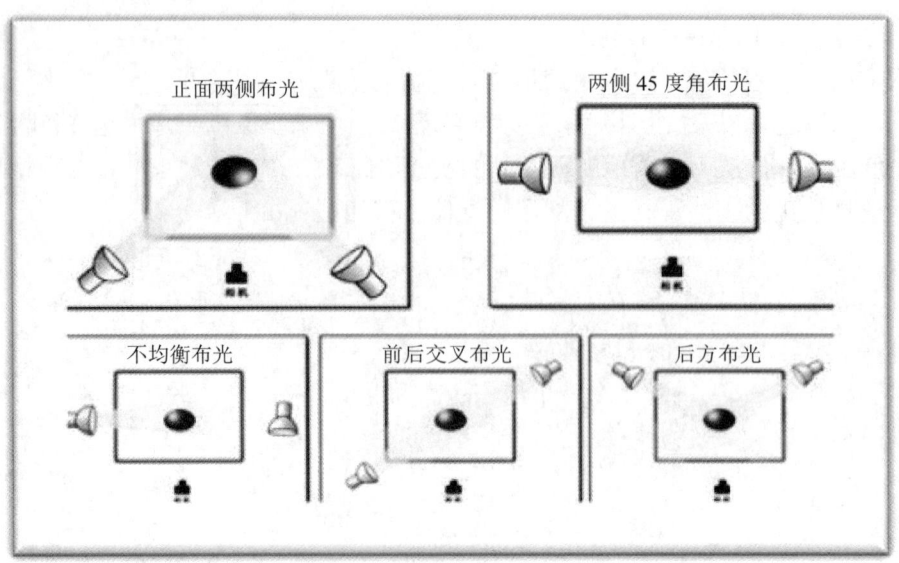

图 6-8　布光方式

四、农产品拍摄技巧及注意事项

（一）背景选择

在拍摄产品的时候应该多选择浅色/纯白色背景，这样不会影响主体，且白色反光好，使拍摄的产品更加清晰、生动，如图 6-9 所示。

图 6-9　背景选择

（二）创意与想法

在拍摄时融入了自己的想法、创意等，可以使客户印象深刻且眼前一亮。如图 6-10 所示，拍摄者融入了自己的想法，摄影师将橘子切开，切开后的橘子与没切开的有了鲜明的对比，且可以让观看者清晰地看见橘子里面的橘肉甚至橘肉的纹理。

图 6-10 拍摄创意

🔔 **小提示**：扫一扫，完成课前测试及学习微课：五个诀窍提升水果摄影。

项目六课前测试　　　　　五个诀窍提升水果摄影

课前测试评价表如表 6-1 所示。

表 6-1　课前测试评价表

评价内容	达到目标	积分
新媒体文案基础知识（15 分）	能分辨新媒体文案类型	
	能分辨出各种常用摄影构图方法及拍摄角度	
	能根据产品特点选择合适的拍摄角度	

【课中实操】

一、任务实施计划表

本次任务以完成图片拍摄为最终目标，其中提炼产品卖点构思展示以及单反相机参数设置为本次任务的重难点，请按照表 6-2 来完成任务实施。

表 6-2　任务实施计划表

序号	步骤	方法与技巧	注意事项
1	学习案例，确定拍摄风格	通过电商平台搜索同行产品，观察产品拍摄角度及展示风格	多个平台结合参考
2	制定拍摄方案，确定拍摄顺序	根据室内/户外对产品全貌、各个角度、细节、内部结构、包装等进行排序拍摄	提前规划拍摄顺序，不符合要求会导致资源浪费
3	准备拍摄器材	根据拍摄场景的不同，准备相应的拍摄器材	室内拍摄需要考虑光线问题，是否需要补光

续表

序号	步骤	方法与技巧	注意事项
4	制定拍摄计划表	根据要求，完成计划表填写	根据实际情况可灵活调整
5	农产品拍摄	根据场景调整参数，完成不同角度的产品图片拍摄	多角度、多场景
6	素材导出及整理	图片按照功能类型进行分类整理	不符合要求的图片可删除

二、实施过程

（一）学习案例，确定拍摄风格

上网浏览参考同行拍摄案例，了解其拍摄角度、场景搭建、展示风格，从而确定荔枝的图片角度及风格，如图6-11所示。（注：为什么要进行素材拍摄？直接引用他们素材不是更方便快捷？要注意他人图片素材存在版权问题，在制作过程中如果直接盗用他人素材可能导致侵权行为，需要大家遵守法律法规。）

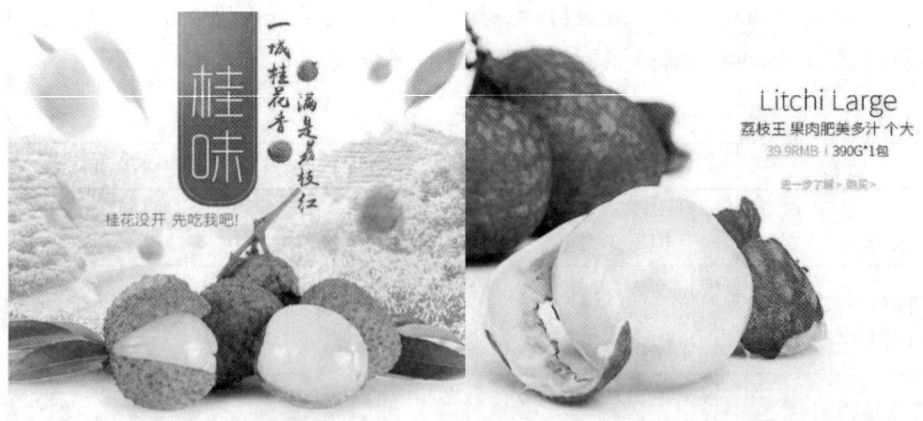

图6-11　荔枝图片风格参考

🔔 **小提示**：在淘宝中输入"荔枝"进行搜索，点击"销量"，让搜索结果按销量排名，查看产品的主图及详情页产品拍摄角度及风格。

（二）制定拍摄方案，确定拍摄顺序

参考销量第一的产品图片，阐述其所用到构图方式及拍摄角度，分析产品特性，确定拍摄内容顺序。

🔔 **小提示**：根据室内/户外对产品全貌、细节、拍摄角度等进行分析，确定拍摄内容及拍摄步骤。

（1）产品主图的拍摄地点、拍摄角度、展示内容是什么？拍摄顺序排在几？
（2）产品细节图的拍摄地点、拍摄角度、展示内容是什么？拍摄顺序排在几？
（3）产品场景图的拍摄地点、拍摄角度、展示内容是什么？拍摄顺序排在几？
（4）以此类推补充说明。

（三）准备拍摄器材

根据拍摄方案准备拍摄器材。

🔔 **小提示**：常用器材参考前面知识梳理，并根据拍摄方案画面所涉及需要用到的工具一一进行列举。

（四）明确拍摄计划表

拍摄计划表示例如表 6-3 所示。

表 6-3 拍摄计划表示例

产品名称		交稿时间		拍摄时间	
拍摄要求					
拍摄部位	拍摄要点			拍摄环境	张数
整体大图					
多角度图片					
细节特写					
模特图					
包装效果					
卖点信息					

（五）农产品拍摄

荔枝拍摄步骤及流程。相机摆放、参数设置、布景、拍摄角度等，将其中一张图片的拍摄方法记录下来。

🔔 **小提示**（拍摄可使用单反/手机，以下案例仅供参考）：

（1）确定拍摄角度进行相机摆放及场景布置（三脚架、背景、灯具等）。
（2）场景布光，使用三点布光法进行打光。
（3）调整相机参数（参考）：将相机调整为 M 挡（手动挡），光圈数值大于 8；快门数值选择 1/24；ISO 选择 400；根据环境光线等可适当微调参数，确保图片曝光正常。
（4）确定取景框内产品构图合适，进行对焦，确认无误后按下快门键进行拍摄。

（5）查看拍摄效果，合适图片的保留，不合适的删除。

（六）素材导出及整理

将图片按照功能类型进行分类整理（主图、细节图、卖点图、场景图、产品包装等）形成压缩包提交。

三、课中评价表

课中评价表如表6-4所示。

表6-4 课中评价表

评价项	具体评价内容	达到目标	积分		
			自评	组评	师评
图片基本要求（45分）	型准：拍摄产品形态大小是否正常不变形	拍摄图片符合图片基本要求			
	色准：产品没有明显色差				
	质优：图片清晰，产品清晰，无明显噪点				
职业素养（20分）	1. 拍摄角度、排版构图合理、主题明确 2. 图片风格定位符合大众审美喜好，能展示自身产品卖点	角度合理，能凸显产品自身特点			

企业导师评语：

【课后练习】

【单选题】

1. 调整单反相机光圈主要影响的画面效果是（A）。
   A．画面明暗　　　　B．虚实　　　　C．拍摄速度　　　　D．画面质量
2. 以下操作方式无法提高拍摄画面亮度的是（C）。
   A．快门速度调慢　　　　　　　　B．ISO数值调大
   C．光圈数值调大　　　　　　　　D．白平衡数值调大
3. 为了提高农产品拍摄的质量，以下不是需要注意的要点是（C）。
   A．保持摄影机稳定　　　　　　　B．选择合适的光源
   C．使用尽量多的滤镜　　　　　　D．调整合适的焦距和曝光
4. 在拍摄农产品时，以下构图方式不利于突出农产品特点的是（A）。
   A．远景构图　　　　B．特写构图　　　　C．俯拍构图　　　　D．前景构图
5. 拍摄农产品时，以下不属于后期处理内容的是（D）。
   A．裁剪和旋转　　　　　　　　　B．色彩和曝光调整
   C．添加特效和水印　　　　　　　D．调整拍摄焦距

【多选题】

常用的拍摄角度有（ABCD）。

　　A．平摄　　　　　　B．仰摄　　　　　　C．俯摄　　　　　　D．侧面

【判断题】

ISO 数值的调整将影响拍摄图片的质量及亮度。（√）

【情境模拟题】

在产品拍摄时，要保证图片的质量，应该把 ISO 数值调（小），调整后发现画面整体变暗，接下来进行光圈调整，把光圈数值调小，发现产品周围的变得（过亮），不符合要求，在适当的调整光圈后，发现画面整体还是偏暗，尝试调节快门，把快门速度调（慢），画面的亮度足够了，由于手持相机拍摄，发现拍摄的画面整体模糊了，所以需要适当把快门速度调快，为了保证画面不模糊，可以借助稳定杆防止手抖，亮度依旧不够的情况下，可以通过补光的方式让拍摄的画面亮度达到想要的效果。

【任务拓展】

通过本任务所学知识，根据方法步骤完成"乌榄"产品拍摄，完成产品图片后进行筛选并进行分类整合，将图片素材打包进行提交。（亦可根据实际情况，自行选择某一种水果拍摄）

要求：

（1）图片类型需丰富完整（主图、全貌、细节、卖点、场景图、包装图等）。

（2）图片需清晰可见，画面构图合理，曝光及颜色饱和度正常。

课后任务评价表如表 6-5 所示。

表 6-5　课后任务评价表

具体评价内容	达到目标	积分
完成农产品的图片拍摄（10 分）	能根据目标要求完成图片拍摄	
完成课后任务和作业（10 分）	能结合所学知识点完成作业	

项目七 农产品主图设计

📢 项目分析

本项目将了解不同平台对主图制作的基本要求，并根据要求将前一任务所拍摄的图片进行处理，完成农产品主图制作。主图制作需结合农产品卖点进行优化处理，起到吸引客户进行点击的效果，为后续的运营转化打下基础。

任务 农产品主图设计

【学习目标】

知识目标
1. 了解主图制作的基本参数要求。
2. 掌握主图制作的风格定位。

能力目标
1. 能够根据设计需求完成图片处理与优化。
2. 能够根据农产品风格定位使用工具完成主图制作。

素养目标
1. 培养遵纪守法的意识。
2. 培养精益求精的工匠精神和职业素养。
3. 提高法律意识，尊重他人知识产权。

【任务描述】

本任务旨在教授学生如何制作农产品主图，以满足不同电商平台的要求。学生将学习主图制作的基本参数要求，了解不同平台的主图风格，以及如何运用图像处理工具，如Photoshop，进行图片处理和优化。通过此任务，学生将培养技术能力、创造性思维，同时强调法律意识和尊重知识产权的职业素养。内容包括参考同行主图案例、确定主图风格、主图制作和导出主图等步骤，以帮助学生达到上述目标。

【课前导学】

一、主图制作的系统要求

不同平台主图的规格要求均有所不同，常见图片规格要求有下述几个方面。

（一）图片尺寸

常规产品主图尺寸均为正方形尺寸，一般最小不小于 640 像素（px），常用尺寸有 750×750px、800×800px、1000×1000px，具体要求根据实际平台提示进行修改。

（二）图片格式

图片的常见格有 JPEG、JPG、PNG、GIF 等。系统支持图片上传格式为 JPEG、JPG、PNG，建议主图格式保存为 JPEG/JPG（图片文件较小）。

（1）JPEG & JPG：目前网络上最流行的图像格式，两种格式基本无差异，可以把文件压缩到最小。

（2）PNG：支持高级别无损耗压缩及 alpha 通道透明度（无背景）。

（3）GIF：动态图片，文件相对较大。

（三）图片大小

系统一般要求不超过 2MB，建议文件大小控制在 400KB，文件大小影响图片加载效果。参数要求以京东为例，如图 7-1 所示。

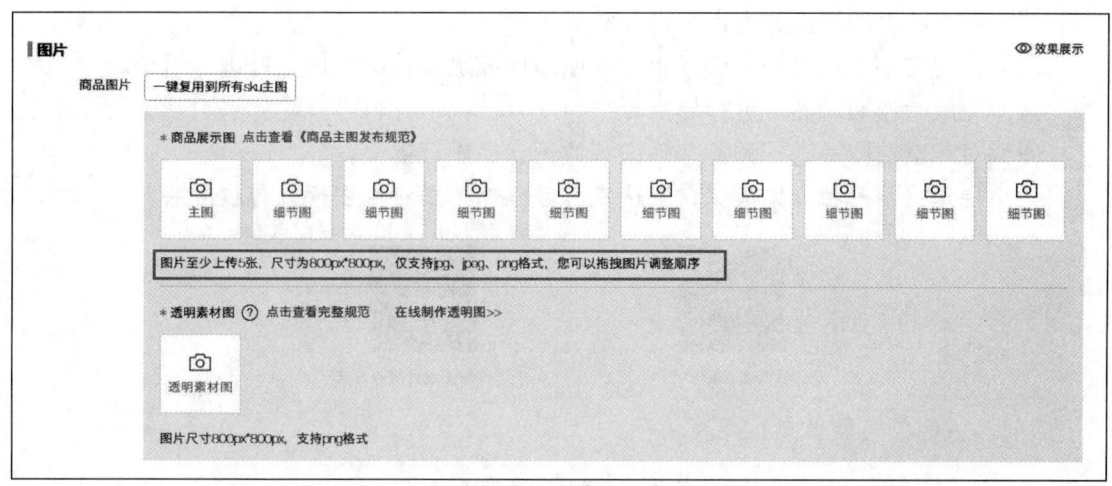

图 7-1　京东主图要求

二、农产品主图设计风格

一般而言，不同平台的主要用户群体不一样，产品主图的风格也有不同，荔枝等水果属于天然食品，所以通过不同平台的对比分析发现，各个平台的主图风格差异不大，需要重点了解农产品的主图展示风格有哪些？常见的农产品主图展示风格有以下几种：室内场景摆拍、户外实拍、产品细节展示+文案、主图边框+产品组合、模特摆拍等，如图 7-2 所示。

图 7-2　产品主图风格展示

三、农产品图片优化与主图制作

（1）确定主图风格。
（2）打开 PS 根据要求新建主图尺寸规格文档。
（3）将挑选好的拍摄素材置入文档中进行大小调整。
（4）调整图片亮度、对比度、饱和度提高图片质感。
（5）对产品上的瑕疵、污点等进行修复处理。
（6）使用文字工具对图片进行卖点描述添加或上网搜集边框素材进行组合。
（7）完成制作后对图片进行导出。
（8）对导出的图片进行预览并确认参数无误后进行提交。

🔔 小提示：扫一扫，完成课前测试及学习微课：三种主图设计排版方法。

项目七课前测试　　　三种主图设计排版方法

课前测试评价表如表 7-1 所示。

表 7-1　课前测试评价表

评价内容	达到目标	积分
主图基础知识（15 分）	了解主图基本参数要求	
	了解图片常见格式	
	根据产品特点选择合适的主图风格	

【课中实操】

一、任务实施计划表

本次任务以完成主图制作为最终目标，其中提炼产品卖点以及 PS 实操为本次任务的重难点。请按照表 7-2 完成任务实施。

表 7-2　任务实施计划表

序号	步骤	方法与技巧	注意事项
1	参考同行主图案例	通过电商平台搜索同行产品，观察其图片风格及产品角度	多个平台结合参考
2	确定主图风格	根据角度、展示部位、卖点等挑选图片	图片需清晰，产品结构完整
3	主图制作	参考教学视频，完成主图制作	图片尺寸参数设置要准确
4	导出主图	检查主图参数，归纳总结	

二、实施过程

（一）学习案例，确定主图风格

上网浏览参考同行主图案例，了解不同平台下主图的展示风格。

_____
_____
_____
_____

💬 小提示：可通过前面的知识调研习得，亦可使用以下便捷方法：在淘宝、京东、拼多多等平台中输入"荔枝"进行搜索，点击"销量"，让搜索结果按销量排名，查看产品主图风格，如图 7-3 所示，并从中挑选符合视觉营销美观的主图进行参考，在参考过程中要注意遵守知识产权保护的法律法规，不得直接盗用他人主图直接使用。

图 7-3（一）　荔枝主图展示

图 7-3（二） 荔枝主图展示

（二）确定主图风格，挑选图片素材

挑选产品素材图片有哪些依据？

_____

_____

🔔 **小提示**：根据角度、展示部位、卖点等挑选图片，如图 7-4 所示。

图 7-4 荔枝图片素材展示

（三）打开 PS 进行农产品主图制作

主图制作的参数要求是什么？制作步骤流程有哪些？

_____

_____

🔔 **小提示**：

（1）打开 PS 新建主图尺寸规格文档：800×800 像素、72 分辨率、颜色模式：RGB，如图 7-5 所示。

（2）将挑选好的拍摄素材置入文档中进行大小调整。

（3）调整图片亮度、对比度、饱和度提高图片质感（参数根据图片实际情况进行调整）。

项目七 农产品主图设计

图 7-5　PS 参数设置

（4）对产品上的瑕疵、污点等进行修复处理。

（5）使用文字工具对图片进行卖点描述添加或上网搜集边框素材进行组合（在制作过程需要把握每一部分的细节，发挥工匠精神，精益求精做得更好）。

（6）完成制作后对图片进行导出。

（7）对导出的图片进行预览并确认参数无误进行提交。

三、课中评价表

课中评价表如表 7-3 所示。

表 7-3　课中评价表

评价项	具体评价内容	达到目标	积分		
			自评	组评	师评
主图参数 （20分）	图片尺寸：是否为正方形尺寸，图片是否清晰	图片参数符合优质主图基本要求			
	图片格式：图片格式为 JPEG/JPG/PNG				
	图片大小：图片文件大小是否小于 400KB				
主图风格 （40分）	1. 图片清晰、排版构图合理、主题明确； 2. 图片风格定位符合大众审美喜好，能展示自身产品卖点	能凸显产品卖点			

企业导师评语：

【课后练习】

【单选题】

1. 关于主图上传，一般不支持的图片格式是（D）。
　　A．JPG　　　　　　B．JPEG　　　　　　C．PNG　　　　　　D．GIF

2. 以下不是主图建议尺寸的是（A）。
   A．500×500px   B．750×750px   C．1000×1000px   D．800×800px

【多选题】

1. 在拍摄农产品主图时，需要考虑（ABCD）。
   A．色彩和光源   B．拍摄角度和构图
   C．背景和环境   D．器材和镜头选择
2. 在农产品主图拍摄中，适合突出农产品特点的角度和构图方式有（ABC）。
   A．45度角度构图   B．特写构图
   C．俯视构图   D．前景构图
3. 在后期处理农产品主图时，提高主图质量的操作有（ABD）。
   A．裁剪和调整大小   B．调整曝光和对比度
   C．添加滤镜和特效   D．去除瑕疵和不良部分

【判断题】

能够保留透明通道的图片格式是 JPEG。（×）

【任务拓展】

通过前面所学知识，运用 PS 完成一张"荔枝"农产品主图设计，要求如下：
1. 图片尺寸为 800×800 像素，格式要求：JPG/JPEG，文件大小：小于 400KB。
2. 使用任务一所拍摄产品图片进行图片合成处理。
3. 图片清晰、排版构图合理、主题明确。
4. 图片风格定位符合大众审美喜好，能展示自身产品卖点。

课后任务评价表如表 7-4 所示。

表 7-4 课后任务评价表

具体评价内容	达到目标	积分
完成荔枝产品主图制作并优化（15 分）	能根据目标要求，参考案例完成主图制作并优化	
完成课后任务和作业（10 分）	能结合产品卖点及所学知识点完成课后任务和作业	

项目八　农产品详情页设计

📢 项目分析

通过本项目学生将了解不同平台对详情页制作的基本要求，并根据要求将前一任务所拍摄的图片进行处理，完成农产品详情页制作。详情页是商品展示的重中之重也是提高转化率的关键性因素，好的描述内容不但能激发顾客的消费欲望，树立顾客对店铺的信任感，还能打消顾客的消费疑虑，促使顾客下单。

任务　农产品详情页设计

【学习目标】

知识目标
1. 理解详情图制作的基本参数要求。
2. 熟悉详情页整体风格定位。

能力目标
1. 能够根据设计需求完成详情页图片制作。
2. 能够根据农产品风格定位运用工具完成详情页设计。

素养目标
1. 培养遵纪守法的意识。
2. 培养精益求精的工匠精神和职业素养。
3. 诚实守信，杜绝虚假和欺骗行为。

【任务描述】

本任务旨在教授学生如何制作农产品的详情页，以满足不同电商平台的要求。学生将学习详情页制作的基本参数要求，了解不同平台的详情页风格定位，以及如何运用工具进行详情页的设计和图片处理。通过此任务的学生，培养学生的技术能力、创意思维，同时培养法律意识和诚实守信的职业素养。内容包括焦点图设计、商品信息展示图和细节展示图等步骤，以帮助学生达到上述目标。

【课前导学】

一、详情图上传的系统要求

不同平台详情图的规格要求均有所不同，常见图片规格要求有下述几个方面。

（一）图片尺寸

一般而言，大部分详情页的尺寸宽度统一为 750px，高度不限，但建议单张图片高度不超过 990px。内容较多可以通过切片分成多张进行上传，有助于网页加载速度，提升客户浏览体验感。

电商常用详情页图片尺寸如下：

（1）淘宝详情页的尺寸：750px 的宽度，高度则根据商品本身实际情况而定。

（2）天猫详情页尺寸：宽 790px，高度不限。每张不得超过 1500px。

（3）拼多多详情页尺寸：宽度为 480～1200px，高度为 0～1500px。

（二）图片格式

与主图相似，图片的常见格式：JPEG、JPG、PNG、GIF 等格式。系统支持图片上传格式为 JPEG、JPG、PNG、GIF，建议跟主图格式保持一致，保存为 JPEG 或 JPG 格式。

（三）图片大小

系统一般要求单张图片不超过 1MB 大小，建议文件大小控制在 800KB，文件大小会影响图片加载时长。可在 PS 进行整体详情页设计，后续通过切片工具分割图片上传。

二、商品详情页设计要点

（一）图片尺寸

在商品详情页面可以利用创意型的焦点图来吸引顾客眼球，兴趣点可以是产品的销量优势、产品的功能特点、产品的目标消费群、营销等，激发顾客的潜在需求。

（二）赢得消费者信任

赢得消费者信任可从商品细节的完善、买家痛点和产品卖点的挖掘，如与同类商品的对比、第三方评价、品牌附加值、消费者情感、塑造拥有后的感觉等方面。

（三）替顾客决策

通过品牌介绍、提高客单价、数量有限、库存紧张、欲购从速等手段号召犹豫不决的顾客快速下单。若浏览整个描述页后仍然没有下单，可通过相关推荐模块进行商品推荐，如图 8-1 所示。

图 8-1　产品关联营销参考图

三、详情页模块常见类型

(一)详情页焦点图设计

详情页焦点设计一般有两个目的:一是明确产品主体,突出产品优势;二是承上启下,做好产品信息的过渡。在文案与图片的设计上要讲究创意,通过突出产品的特色以及放大产品的优势,或通过优劣产品进行对比,将产品的优势展现出来。焦点图示例如图 8-2 所示。

图 8-2 同行"荔枝"焦点图示例

(二)商品信息展示图

根据产品自身属性进行图文展示,可以让客户直观了解产品基本信息,示例如图 8-3 所示。常见展示方式如下:

(1)商品参数的直接输入:自由排列输入的商品参数,一般需要使用文本框来统一文本的行间距。

(2)通栏排参数:使用文本框直接输入参数,添加形状或线条来修饰参数模块;使用商品参数表输入参数,商品参数表可以比较全面地反映出商品的特性、功能和规格等,在尺码方面应用得尤为广泛。

图 8-3 同行"荔枝"信息展示图示例

(3)商品参数与商品图片的自由组合:可以直接将商品的参数输入到商品图片上,也可以将商品参数细化到不同的商品图片中进行显示。

（4）参数与商品分两栏排列：当商品参数比较少时，可通过左表右图或左图右表的方式排列商品参数模块。对于有尺寸规格的产品，还可在商品图上添加尺寸标注。

注：产品信息梳理填写诚实守信，不虚假夸大。

（三）细节展示图

在制作细节图时，照片的选择对于细节的展示十分重要，细节照片一定要清晰明了、尽量避免偏色。此外，还要逻辑性强，做到有条不紊，才能带着买家按照卖家的思路，完整地浏览商品详情。

细节图的样式一般分为两种，一种是同时放置商品或细节图，将细节图指向商品的具体位置；还有一种就是单独对细节进行展示，在排列布局上，可根据个人喜好与店铺的整体风格进行设计，示例如图8-4所示。

图 8-4　同行"荔枝"细节展示图示例

关于更多的详情页模块，例如痛点营销、成交案例、客户评价、商品对比等可参考前面主图查找参考案例的方式进行学习了解。

💡 小提示：扫一扫，完成课前测试及学习微课：详情页策划的万能逻辑。

项目八课前测试　　　　　详情页策划的万能逻辑

课前测试评价表如表8-1所示。

表 8-1　课前测试评价表

评价内容	达到目标	积分
详情页基础知识（15分）	了解详情页基本参数要求	
	了解详情页图片常见类型	
	了解详情页框架构成	

【课中实操】

一、任务实施计划表

本次任务以完成详情页制作为最终目标，其中提炼产品卖点以及 PS 实操为本次任务的重难点。请按照表 8-2 来完成任务实施。

表 8-2 任务实施计划表

序号	步骤	方法与技巧	注意事项
1	参考同行详情页案例	通过电商平台搜索同行产品，观察其图片风格及产品角度	多个平台结合参考
2	确定详情页框架及风格	根据角度、展示部位、卖点等挑选图片	图片需清晰，产品结构完整
3	详情页制作	参考教学视频，完成详情页模块制作	图片尺寸参数设置要准确
4	切片导出详情页	检查详情页图片参数，归纳总结	

二、实施过程

（一）学习案例，了解详情页框架及风格

上网浏览参考同行详情页案例，了解"荔枝"详情页的框架布局及展示风格。

确定荔枝的详情页框架和风格设计。

_____

_____

💡 **小提示**：可通过前面的知识调研习得，亦可使用以下便捷方法：在淘宝、京东、拼多多等平台中输入"荔枝"进行搜索，点击"销量"，让搜索结果按销量排名，点击产品主图，查看详情页。

（1）详情页构成：首图 banner+产品信息+功效介绍（自身优势）+外观展示+产品细节+其他（使用说明、××推荐（红人）、证书、买家秀、售后）。

（2）详情页的展示逻辑：

①展示详情页的头图，也可以称为海报图，展示产品整体形象。

②可以展示产品的分类卖点。

③展示产品规格，规格一定要展示清楚。

④产品有实物的话，在详情页的最后记得一定要展示产品的实拍图，如果不展示实拍图，那产品的真实性会被削弱。

（二）确定详情页框架及风格，挑选图片素材

挑选产品素材图片有哪些依据？

_____

_____

🔹 小提示：根据角度、展示部位、卖点等挑选图片（注重知识产权，借鉴需合理有度）。

（三）打开 PS 进行"挂绿"荔枝详情页制作

详情页制作的参数要求是什么？制作步骤流程有哪些？

_____

_____

🔹 小提示：

（1）打开 PS 新建详情页规格文档：750×800 像素；72 分辨率；颜色模式为 RGB。
（2）将挑选好的拍摄素材置入文档中进行大小调整。
（3）调整图片亮度、对比度、饱和度提高图片质感（参数根据图片实际情况进行调整）。
（4）对产品上的瑕疵、污点等进行修复处理。
（5）使用文字工具对图片进行卖点描述添加或上网搜集边框素材进行组合。
（6）完成一个模块制作后，调整画布大小延长图片高度进行下一个模块设计。
（7）根据设计框架完成所有详情页模块（不少于 6 个模块，需要包含聚焦海报、产品信息、产品细节、产品卖点、产品实拍等模块）。
（8）完成后导出详情页进行预览确认。
（9）确认无误后在 PS 中进行切片处理导出各个模块图片。

三、课中评价表

请对照表 8-3，对完成的详情页进行自评和组评。然后以小组为单位，选出本组内最好的详情页进行展示，由教师评分，并邀请企业导师进行点评。

表 8-3 课中评价表

评价项	具体评价内容	达到目标	积分		
			自评	组评	师评
详情页参数（10 分）	图片尺寸：图片尺寸宽度是否统一，图片是否清晰	图片参数符合优质详情页基本要求			
	图片格式：图片格式为 JPEG/JPG/PNG/GIF				
	图片大小：单张图片文件大小是否小于 600KB				
详情页框架布局（20 分）	1. 详情页模块完整，有卖点图、细节图、信息展示图等（模块不少于 5 个） 2. 图片风格定位符合大众审美喜好，能展示自身产品卖点 3. 详情页内容布局合理，有主有次，模块条理清晰	模块完整，条理清晰			
详情页风格设计（30 分）	1. 图片清晰、排版构图合理、主题明确； 2. 图片风格定位符合大众审美喜好，能展示自身产品卖点； 3. 页面各个模块主题色彩统一、风格一致	风格一致，符合产品定位			

企业导师评语：

【课后练习】

【单选题】

1. 不是农产品详情页需要考虑的因素是（C）。
    A．商品图片　　　B．商品描述　　　C．商品价格　　　D．顾客评价
2. 在设计农产品详情页时，最能吸引顾客注意力的因素是（C）。
    A．商品描述　　　B．商品价格　　　C．商品图片　　　D．顾客评价
3. 以下可以在农产品详情页中增加商品可信度和吸引力的因素是（C）。
    A．商品描述　　　B．商品价格　　　C．顾客评价　　　D．优惠促销

【多选题】

关于详情页上传，一般情况下，支持的图片格式有（ABCD）。
    A．JPG　　　　　B．JPEG　　　　　C．PNG　　　　　D．GIF

【判断题】

淘宝详情页无法上传 GIF 图片格式的文件。（×）

【任务拓展】

通过前面所学知识，运用 PS 完成一张"挂绿荔枝"农产品详情页模块设计（小组分工每位同学完成一个模块制作后交由组长进行整合形成完整详情页）。

要求：

（1）图片尺寸宽度统一为 750px，单张图片高度控制在 1000px 以内，格式要求：JPG/JPEG 文件大小：小于 600KB。

（2）使用任务一所拍摄产品图片进行图片合成处理，完成详情页各个模块制作。

（3）图片清晰、排版构图合理、主题明确。

（4）详情页框架布局合理，能根据客户关注点进行重点展示主次。

（5）详情页风格定位符合大众审美喜好，能展示自身产品卖点。

课后任务评价表如表 8-4 所示。

表 8-4　课后任务评价表

具体评价内容	达到目标	积分
完成荔枝产品详情页制作并优化（15 分）	能根据目标要求，参考案例完成详情页制作并优化	
完成课后任务和作业（10 分）	能结合产品卖点及所学知识点完成课后任务和作业	

项目九　农产品包装设计

📢 项目分析

通过本项目学生将了解农产品的包装类型有哪些，在不同场景下应该使用哪种包装，如何设计出符合产品定位的包装风格。产品包装是保障货物完好运送到客户手中的重要因素之一，产品包装的合理设计有利于产品的保存，防止运输途中受到破坏，一款安全有保障且产品风格与之相匹配、有特色的产品包装能激发顾客的消费欲望，增加顾客对店铺的信任感，且能打消顾客对运输安全的疑虑，促使顾客下单。

任务　农产品包装设计

【学习目标】

知识目标

1. 熟悉农产品包装类型。
2. 掌握农产品包装设计方法。
3. 了解运输包装和销售包装的设计要求。

能力目标

1. 能够根据设计需求完成产品包装设计。
2. 能够根据农产品风格定位运用工具完成农产品包装设计。

素养目标

1. 培养遵纪守法意识。
2. 培养精益求精的工匠精神和职业素养。
3. 诚实守信，杜绝虚假宣传。

【任务描述】

本任务旨在教授学生农产品包装设计的基本原则和方法，以满足不同场景下的需求。学生将学习农产品包装的科学、经济、可靠、美观原则，以及包装设计的要点和构成元素。内容包括外形元素、构图元素、材料元素以及文字设计等方面，以帮助学生学习包装设计的技能和创意思维。同时，本任务强调法律意识和诚实守信的职业素养，要求学生遵守广告法和知识产权法律法规。通过此任务，学生将能够设计出符合产品定位的包装风格，提高产品的市场竞争力。

【课前导学】

一、农产品包装设计的原则

包装设计的原则是科学、经济、可靠、美观。

（一）科学

科学是指包装设计必须首先考虑包装的功能，达到保护产品、提供方便和扩大销售的目的。

（二）经济

要求包装设计必须符合现代先进的工业生产水平，做到以最少的财力、物力、人力和时间来获得最大的经济效果。

（三）可靠

可靠是要求包装设计保护产品可靠，不能使产品在各种流通环节上被损坏、污染或偷窃。

（四）美观

美观是消费者的共同要求。包装设计必须在功能与技术条件允许的前提下。为被包装的产品创造出生动、完美、健康、和谐的造型设计与装潢设计，从而激发客户的购买欲望，美化生活。

科学、经济、可靠、美观四者是密切相关的，不能忽视其中的任何一方。在提高包装设计的科学、可靠功能时，不能忘记包装设计的经济效果和社会效果；在提高包装设计的经济效果时又不能单纯地追求利润价值，而要考虑包装对人们生活各个环节所带来的影响，如对环境和对消费者心理所造成的影响等；在考虑所装设计的美观时，除了使包装造型和装潢服从包装功能的需要外，还要照顾到群众现有的欣赏水平和习俗爱好以及禁忌色彩，只有四者有机结合，在设计和生产过程中协调一致，才能使包装在各个方面都表现出富有创造性的设计思想，又能更好地为生产、生活服务。

二、农产品包装设计的方法

（一）农产品包装设计要点

货架印象、可读性、外观图案、商标印象、功能特点说明、提炼卖点及卖点图文化。

（二）农产品包装设计构成元素（如图 9-1 所示）

1. 外形元素

外形元素就是商品包装展示面的外形，包括展示面的大小、尺寸和形状。日常生活中我们所见到的形态有 3 种，即自然形态、人造形态、偶发形态。

2. 构图元素

构图是将商品包装展示面的商标、图形、文字和组合排列在一起的一个完整的画面。这四方面的组合构成了包装装潢的整体效果。将商标、图形、文字和色彩运用正确、适当、美观，就可称为优秀的设计作品。

图 9-1 农产品包装展示元素示例

3．材料元素

材料元素是商品包装所用材料表面的纹理和质感。运用不同材料，并妥善地加以组合配置，可给消费者以新奇、冰凉或豪华等不同的感觉。常见包装材质主要是运用金属材料类、纸版类、面料来开展包装，相对而言，纸版、面料等材料的挑选与绿色环保理念更加贴合。材料要素是包装设计的重要环节，它直接关系到包装的整体功能和经济成本、生产加工方式及包装废弃物的回收处理等多方面的问题。

三、农产品包装文字设计

农产品包装上文字是作为一种形象出现的，在包装设计中是很重要的，文字设计本身就可以成为一幅成功的画面。包装画面主体用文字来体现，文字简洁而具有很强的视觉冲击力，这在一些饮食、保健品和天然药材等包装上经常使用。包装物上灵活多样的品名文字编排可提高包装的感染力和视觉效果，因此对文字的编排需要推敲，并精心布置。

文字设计及排版方法：农产品包装上的文字图形一般排列成条形、弧形、半圆形等，富有视觉趣味感，形成一种独特的风格。

文字编排要注意整体性：注意标题、生产单位、质量、型号、规格、用途、用法、特点、成分等内容。

注：文案内容的提炼要遵守国家法律法规，遵守广告法，避免出现主观色彩的字眼，如"惊现""惊爆"等；标题不得使用侮辱个人、民族和国家的字眼；禁止使用"最好""最佳""金牌""名牌""优秀""资深""最佳""最赚""超赚""第一""唯一""最新""最高""最先""巨星""著名""第一品牌"等绝对性和夸大用语；"奢侈""至尊""顶级享受"等带有炫富内容的广告语禁止出现在各类广告中。

农产品扁形方盒包装一般在主要展示面安排放置展示产品名、生产单位等内容，而在侧面安排广告语，其余文字安排在背面，示例如图 9-2 所示。

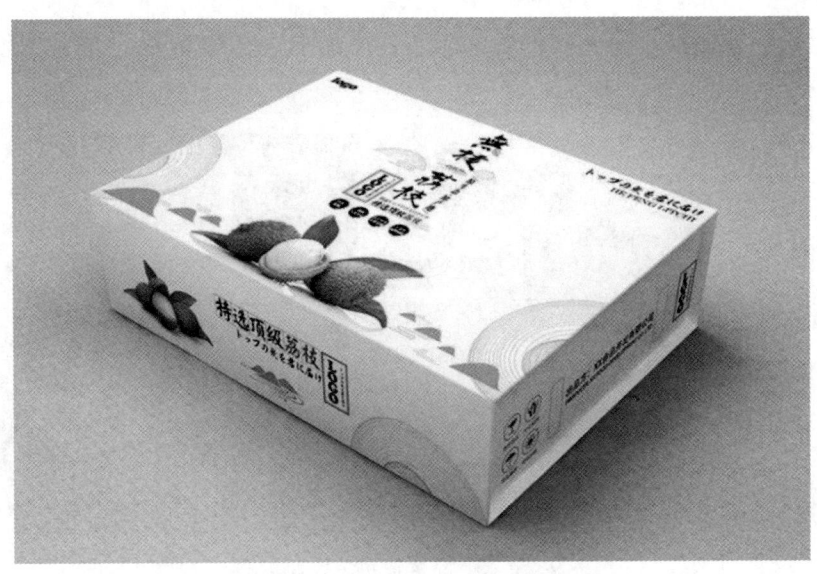

图 9-2　农产品扁形方盒包装示例

方形包装盒主要展示面有正反两面，一般产品名安排在正面，背面安排说明文字，广告语安排在侧面，示例如图 9-3 所示。

图 9-3　农产品方形方盒包装示例

四、运输包装设计和销售包装设计

（一）运输包装设计

运输包装的主要功能是保护产品在流通后安全、快速、高效地到达顾客手中。示例如图 9-4 所示。

运输包装基本要求如下：

（1）根据产品的物理特性和化学特性选择适当的包装材料和方法，保证在运输中不损坏、不变质、不渗漏。

（2）采用体积小、重量轻的包装材料，注意包装重量。

（3）力求包装标准化和规格化，以方便运输和装卸，节约运费。

（4）运输包装要求有简单醒目的标志，使产品安全、准确地运达目的地，同时要努力节约包装物料，降低包装成本。

图9-4　农产品运输包装设计示例

（二）销售包装设计

销售包装的功能主要是美化和宣传产品，便于陈列和消费者选购、携带和使用，提高产品价值，如图9-5所示。

图9-5　农产品销售包装设计示例

销售包装基本要求如下：

（1）包装造型美观大方，图案生动形象，具有强烈的美学效果，避免与竞争者同类产品的包装雷同，要采用新材料、新图案和新形状，引人注目。

（2）产品包装应与产品的价值或质量水平相配合，根据产品品位和单位产品的价值及顾客的购买要求确定包装的档次。

（3）包装要显示出产品的特点和独特风格，需要直接向消费者展示的，要选择透明的包装材料、开天窗式包装或在包装上印刷彩色图片。

（4）包装设计要求能增加顾客的信任感并引导消费。

（5）包装设计要适应不同民族不同地域的风俗习惯、宗教信仰、价值观念和心理需要。

（6）包装的造型和结构应考虑使用、保管和携带的方便性。

🔔 小提示：扫一扫，完成课前测试及学习微课：包装盒样机图制作。

项目九课前测试

包装盒样机图制作

课前测试评价表如图 9-1 所示。

表 9-1 课前测试评价表

评价内容	达到目标	积分
产品包装基础知识（15 分）	了解产品包装基本类型及元素构成	
	了解产品包装设计要点	
	了解不同场景的包装选用技巧	

【课中实操】

一、任务实施计划表

本次任务以完成农产品包装设计为最终目标，其中包装风格设计以及包装方式的选择为本次任务的重难点。请按照表 9-2 来完成任务实施。

表 9-2 任务实施计划表

序号	步骤	方法与技巧	注意事项
1	参考同行农产品包装设计	通过千图网、花瓣网等搜索同类产品包装设计风格	多个平台结合参考
2	确定销售包装设计方案	根据产品特性，结合运输、成本等方面因素确定包装风格及大体设计方案	包装需结合产品特性进行挑选
3	下载包装框架模板	通过素材网站下载包装框架模板	注意下载的源文件格式，挑选自己擅长的软件（PS/AI）
4	设计包装展示内容	根据产品文案、产品卖点、产品基本信息对包装各个页面进行组合设计	内容展示需清晰明了，符合农产品特性，结合视觉营销满足大众用户风格喜好
5	打印包装纸进行组合	将设计好的包装用 A4 纸进行打印，打印后进行包装折叠，看视觉效果是否满足再进行优化调整	完成的产品包装一定要先打印小样进行核实
6	文件保存导出	将包装进行保存导出	图片要求清晰，保证不低于 300dpi

二、实施过程

（一）学习案例，参考同行农产品包装设计

上网浏览参考同行包装，了解"荔枝"的包装方式及展示风格。确定荔枝的包装的方式和设计风格。

🔔 **小提示**：可通过前面的知识调研习得，亦可使用以下便捷方法：在千图网、花瓣网等平台中输入"荔枝包装"进行搜索，查看其包装方式及风格，如图 9-6 所示。

图 9-6　花瓣网荔枝包装参考素材

（二）确定销售包装设计方案

确定销售包装方式有哪些依据？

_____
_____
_____
_____

🔔 **小提示**：运输包装一般物流公司会协助解决，核心设计以销售包装为主。（有条件建议运输包装结合品牌一并设计）

（三）下载包装框架模板

荔枝的包装类型有哪些？制作步骤流程有哪些？

_____
_____
_____
_____

🔔 **小提示**：常见包装类型分为运输包装设计及销售包装设计。销售包装又分为袋装、扁盒装、方盒装、手提装等，结合实际情况进行选择。

下载模板可以通过千图网、千库网等素材网站下载包装模板，根据模板需要更换的内容进行设计，替换成符合自身产品特性的包装宣传图。千库网农产品包装模板展开图如图 9-7 所示。

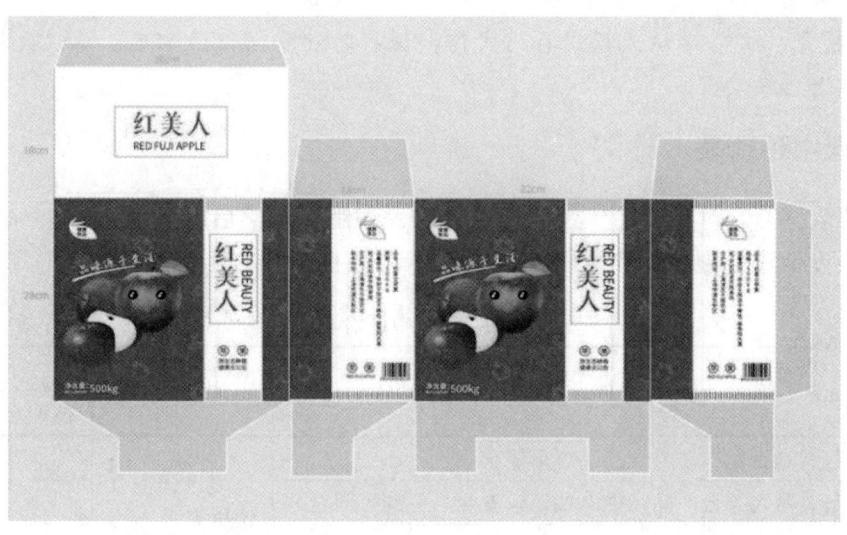

图 9-7 千库网农产品包装模板展开图

（四）设计包装展示内容
荔枝包装需要展示的信息有哪些？
_____
_____
_____

💡 **小提示**：农产品包装设计构成元素：可读性卖点文案、外观图案、商标印象、功能特点说明、提炼卖点及卖点图文化、产品基础信息等。

结合前面所学知识运用 PS 进行图片设计。需注意图片参数信息需根据模板页面尺寸进行参数设置，分辨率设置为 300dpi，颜色模式选择 CMYK 模式，进行图片组合设计。完成各部分模块设计后导入模板文档。

（五）打印包装进行组合测试观察
如何知道产品包装是否符合实际使用需求？
_____
_____
_____

💡 **小提示**：由于模板页面展开图中组合图片，包装看起来并不直观，需要提前打印组合核实包装图片是否准确（页面图片是否清晰、是否有翻转错误等）。

（六）文件保存导出
测试无误后将文件进行保存导出，提交给印刷公司进行印制。
_____
_____
_____

> 小提示：文件确认无误保存好文件，保存时注意保证清晰度，建议大批量印刷前先打印小样进行核实。

三、课中评价表

请对照表 9-3，对完成的包装设计进行自评和组评。然后以小组为单位，选出本组内最好的包装设计进行展示，由教师评分，并邀请企业导师进行点评。

表 9-3 课中评价表

评价项	具体评价内容	达到目标	积分 自评	积分 组评	积分 师评
包装设计实用性（20分）	包装是否稳固，符合产品容量需求	包装设计符合使用需求			
	包装是否符合产品特性（如运输安全、保鲜等问题）				
	包装材质选择是否合理				
包装设计信息展示（30分）	1．产品信息是否展示完整（产品名、产品特性、保质期、产地等）； 2．包装风格定位是否符合大众审美喜好，能展示自身产品卖点； 3．包装各个页面内容布局合理，有主有次，模块条理清晰	模块完整，条理清晰，风格符合产品设定			
包装创意设计（10分）	包装设计是否能在实用、便携等需求上具有创新性（外观、实用、功能特性等）	创新创意			

企业导师评语：

【课后练习】

【单选题】

1. 以下不是农产品包装设计需要考虑的因素是（A）。
   A．商品售价　　B．商品属性　　C．目标受众　　D．商品品质
2. 以下在农产品包装设计中是最重要的因素是（D）。
   A．包装材料　　B．包装形状　　C．包装色彩　　D．包装图案
3. 在农产品包装设计中，需要考虑产品的属性和目标受众的因素是（C）。
   A．包装材料　　B．包装形状　　C．包装色彩　　D．包装字体

【多选题】

农产品包装设计构成元素包含（ABC）。
   A．外形元素　　B．构图元素　　C．材料元素　　D．任务元素

【判断题】

包装设计的原则是科学、经济、可靠、美观。（√）

【情境模拟题】

通过前面所学知识，上网搜集模板，运用 PS 完成"乌榄"农产品包装设计。要求如下：

（1）包装符合产品实际使用需求。

（2）图片清晰、内容展示清晰，各页面内容展示清晰合理。

（3）图片风格定位符合大众审美喜好，能展示自身产品卖点。

（4）包装设计上具有一定创新创意。

【任务拓展】

通过前面所学知识，根据产品特性，登录素材网站下载模板，运用 PS 完成一份"挂绿荔枝"农产品包装设计，完成设计后需要打印进行组装，将包装成品进行展示。要求如下：

（1）包装符合产品实际使用需求。

（2）图片清晰、内容展示清晰，各页面内容展示清晰合理。

（3）图片风格定位符合大众审美喜好，能展示自身产品卖点。

（4）包装设计上具有一定创新创意。

课后任务评价表如表 9-4 所示。

表 9-4 课后任务评价表

具体评价内容	达到目标	积分
完成荔枝产品包装设计并优化（15 分）	能根据目标要求，参考案例完成荔枝包装设计并优化	
完成课后任务和作业（10 分）	能结合产品卖点及所学知识点完成课后任务和作业	

模块四 新媒体平台运营

学习情境

2020年5月20日，某农产品入选2020年第一批全国名特优新农产品名录。为提升该农产品的知名度，学生需要通过微信公众号围绕该农产品进行宣传和推广。任务目标包括注册与初始化微信公众号、选择合适的主题、撰写图文内容、进行编辑和发布，以及分析宣传效果等。通过此模块，学生将学习微信公众号的运营技巧，包括选题策划、内容组织、编辑发布以及数据分析等。

附件：2020年第一批全国名特优新农产品名录

序号	省份	县域	证书编号	产品名称	获证单位	联系人	联系方式	生产规模（公顷、万头、万只、万羽等）	主要生产经营单位
52	广东省	广州市增城区	CAQS-MTYX-20200052	增城迟菜心	广州市增城区农业农村局	黄晓霞	17724361123	3386.67公顷	广州乐禾康满庭供应链有限公司 广州市安和农业发展有限公司 广州绿聚来农业发展有限公司 广州一衣口田有机农业有限公司 广州市藤丰农业科技有限公司 广州市正旭农业科技有限公司
53	广东省	广州市增城区	CAQS-MTYX-20200053	增城乌榄	广州市增城区农业农村局	黄晓霞	17724361123	1866.67公顷	广州市二龙山投资有限公司 广州市增城单英农副产品加工厂
54	广东省	广州市增城区	CAQS-MTYX-20200054	增城番石榴	广州市增城区农业农村局	黄晓霞	17724361123	800公顷	广州创鲜农业发展有限公司 广州增城石厦联聚兴石榴专业合作社

知识导图

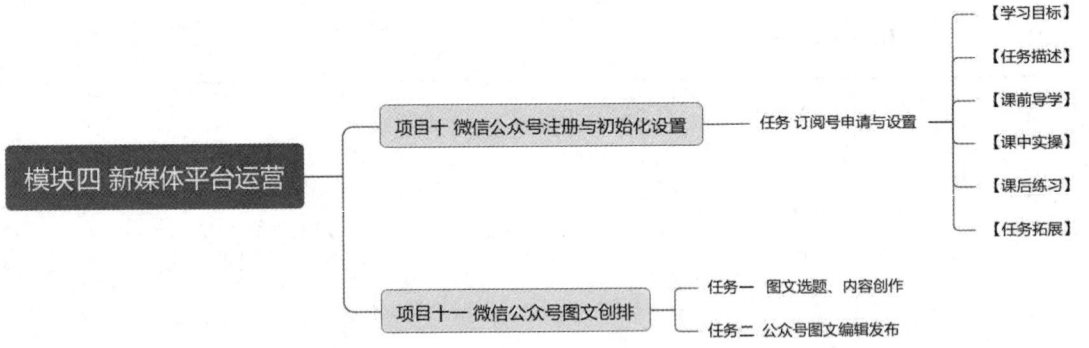

项目十 微信公众号注册与初始化设置

📢 项目分析

在注册微信公众号之前,要对即将注册的账号进行定位分析,根据分析结果选择将要注册的账号类型为订阅号还是服务号,并对已申请注册的公众号进行初始化设置。本项目以注册微信公众号为最终目标。其中公众号设置为本次任务的重难点。

任务 订阅号申请与设置

【学习目标】

知识目标
1. 了解微信公众平台的分类。
2. 掌握微信公众号的定位方法。
3. 熟悉微信公众号注册及设置的流程。
4. 熟悉微信公众号后台的群发功能。

能力目标
1. 能够完成微信公众号的注册申请流程。
2. 能够按照要求完成微信公众号的初始化设置。

素养目标
1. 培养学生主动学习的意识。
2. 培养学生精益求精的工匠精神。

【任务描述】

本任务旨在教授学生如何注册和初始化微信公众号。学生将学习微信公众平台的分类,包括订阅号和服务号,了解其功能区别。任务包括申请注册流程和账号设置步骤,涵盖头像、微信号、二维码、介绍等设置。学生将了解如何创建被关注回复、关键词回复和收到消息回复,以提供更好的用户体验。通过此任务,学生将获得实际的技能,培养数据思维和学习主动性,以更好地应用微信公众号平台。

【课前导学】

一、微信公众平台的分类

微信公众平台有多种类型,它们在使用方式及功能上有诸多区别,如图10-1所示。四种微信公众平台的介绍如下：

（1）订阅号——主要偏重于为用户传达资讯（类似报纸杂志），认证前后每天可以群发一条消息。

（2）服务号——主要偏重于服务交互（类似银行、114），提供服务查询，认证前后每个月均可群发 4 条消息。

（3）企业微信——主要用于公司内部通信，是一个面向企业级市场的产品，是一个好用的基础办公沟通工具，是一个专门为企业开发的 IM 产品。

（4）小程序——小程序可以在微信内便捷地获取和传播，同时具有出色的使用体验。

图 10-1 微信公众平台分类

（一）微信公众平台的功能对比

订阅号、服务号、企业微信的功能对比如表 10-1 所示。

表 10-1 订阅号、服务号、企业微信的功能对比

账号类型	订阅号		服务号		企业微信	
	普通订阅号	微信认证订阅号	普通服务号	微信认证服务号	普通企业微信号	微信认证企业微信
业务介绍	为媒体和个人提供一种信息传播方式，构建与读者之间更好的沟通与管理模式		为企业和组织提供更好的服务，提升其用户管理能力，帮助企业实现公众号服务平台		企业的专业办公管理工具。与微信一致的沟通体验，提供丰富免费的办公应用，并与微信消息、小程序、微信支付等互通，助力企业高效办公和管理	
消息直接显示在好友对话列表中			√	√	√	√
消息显示在"订阅号"文件夹中	√	√				
每天可以群发 1 条消息	√	√				
每月可以群发 4 条消息			√	√		

续表

账号类型	订阅号		服务号		企业微信	
无限制群发					√	√
保密消息禁止转发					√	√
关注时验证身份					√	√
基本的消息接收/运营接口	√	√	√	√	√	√
聊天界面底部，自定义菜单	√	√	√	√	√	√
定制应用					√	
高端接口能力		部分支持		√		部分支持
微信支付—商户功能		部分支持		√		√

（二）小程序介绍

小程序主要优势如下：

（1）用户可便捷地获取服务，无须安装或下载即可使用。

（2）具有更丰富的功能和出色的使用体验。

（3）封装一系列接口，帮助快速开发和迭代。

接入流程

①注册：在微信公众平台注册小程序，完成注册后可以同步进行信息完善和开发。

②小程序信息完善：填写小程序基本信息，包括名称、头像、介绍及服务范围等。

③开发小程序：完成小程序开发者绑定、开发信息配置后，开发者可下载开发者工具、参考开发文档进行小程序开发和调试。

④提交审核和发布：完成小程序开发后，提交代码至微信团队审核，审核通过后即可发布（公测期间不能发布）。

二、公众号定位

（一）类型定位

订阅号主要用于传播，通过展示自己的特色、文化、理念树立品牌形象，每天一条的发送有很多传播利用空间，本项目以"增城乌榄"为主体对象，旨在宣传"增城乌榄"的特色，做好宣传推广，达到宣传效果，需要能承载发送文章频率较高的公众号类型，因此选择开通订阅号。

服务号主要用于服务为主，鉴于服务号每月只能推送 4 条消息，无法实时推送本项目的最新宣传活动，不利于本项目传播价值最大化，故不选择服务号。

企业微信主要用于管理，类似于企业内部的管理系统，面向的是企业内部员工或者企业运营流程的上下游用户，小程序主要用于连接用户与服务，对于本项目来说，开通企业微信和小程序的价值不大。

（二）内容定位

内容定位对于公众号运营至关重要，输出有价值的内容才能满足粉丝需求，在内容定位上可参考以下几种方法：

（1）以行业为定位：如果你是做餐饮业的，那么美食就是你的定位，这种情况一般适合商家。

（2）以感兴趣的领域定位：比如有些男生喜欢研究车、研究军事或者历史，那么可以专门针对这些内容开设一个公众号，把喜欢的内容，每天分享给大家，吸引一些有共同爱好的读者。

（3）对大家有帮助的内容：也就是为大家提供有用、有意义的信息。比如有些公众号每天分享婴儿护理以及儿童教育的文章，吸引宝妈群体阅读文章。

以本项目为例，"乌榄"公众号定位已经很明确了，内容围绕与乌榄有关的内容来写，如乌榄功效、榄雕、乌榄采摘活动、乌榄节等。

（三）用户定位

用户定位就是你的公众号想要吸引什么样的人？用户定位要有精准用户群，有了内容也就是有了主题以后，可以根据内容或主题给自己精准的用户群去发送一些内容，吸引精准的用户。

以本项目为例，增城乌榄的用户定位可考虑表 10-2 所示的方向。

表 10-2　增城乌榄的用户定位

序号	用户定位	具体划分
1	商家	水果商家、加工类商家
2	工艺传承者	榄雕工艺从业者
3	其他	散客

【知识补充】微信公众号后台的群发功能

群发功能目前支持文字、语音、图片、视频、图文消息的群发，是微信公众号最基础、最重要的一个功能，是向用户推送内容最重要的窗口，所以有不少优秀的公众号仅使用群发功能这一项就可以将微信公众号运营得风生水起。

微信公众号后台的群发功能

群发类型、群发规则扫码阅读。

💡 小提示：扫一扫，完成课前测试及学习微课：如何用微信公众号打造品牌。

项目十课前测试

如何用微信公众号打造品牌

课前测试评价表如表 10-3 所示。

表 10-3 课前测试评价表

评价内容	达到目标	积分
微信公众号平台知识（15 分）	分辨微信公众号的类型	
	完成微信订阅号的申请注册	
	完成微信订阅号的基础化设置	

【课中实操】

一、任务实施计划表

本次任务以注册微信公众号为最终目标。其中公众号设置为本次任务的重难点。请按照下述流程完成任务实施。

（一）微信公众号申请

微信公众号申请任务实施计划表如表 10-4 所示。

表 10-4 任务实施计划表

序号	步骤	方法与技巧
1	微信公众号申请	利用百度浏览器搜索微信公众平台，单击"立即注册"超链接
2	选择注册订阅号	单击"订阅号"按钮
3	填写基本信息	填写邮箱和密码
4	选择运营主体类型	选择中国大陆为注册地
5	信息登记	填写身份证号码、名字
6	填写公众号信息	填写账号名称、功能介绍、内容类目、运营地区

（二）微信公众号账号设置

微信公众号账号设置任务实施计划表如表 10-5 所示。

表 10-5 任务实施计划表

序号	步骤	方法与技巧
1	头像设置	选择具有品牌识别高、认知成本低的头像
2	微信号设置	以字母开头（可以使用 6~20 个字母、数字、下划线和减号）
3	二维码设置	提供下载多种尺寸的二维码，无须设置
4	介绍设置	本项目着重宣传增城乌榄，故命名为增城乌榄

（三）微信公众号功能设置

微信公众号功能设置任务实施计划表如表 10-6 所示。

表 10-6　任务实施计划表

序号	步骤	方法与技巧
1	被关注回复	编辑文本设置常用的文字、语音或图片、视频作为回复消息
2	关键词回复	按照关键词进行编辑文本内容作为回复消息
3	收到消息回复	编辑文本设置常用的文字、语音或图片、视频作为回复消息

二、实施过程

（一）微信公众号申请

对照以下案例，完成公众号的注册。

（1）公众号申请：利用百度浏览器搜索"微信公众平台"：单击"立即注册"超链接，如图 10-2 所示。

图 10-2　微信公众平台申请

（2）选择注册的订阅号：单击"订阅号"按钮，如图 10-3 所示，账号类型一旦选定，不能更改。

图 10-3　选择注册订阅号

(3)填写基本信息:如图 10-4 所示,填写信息,先将邮箱地址填写好,再单击"激活邮箱"按钮。登录邮箱查看激活邮件,填写邮箱验证码激活。激活后设置好密码,最后单击"确定"按钮。

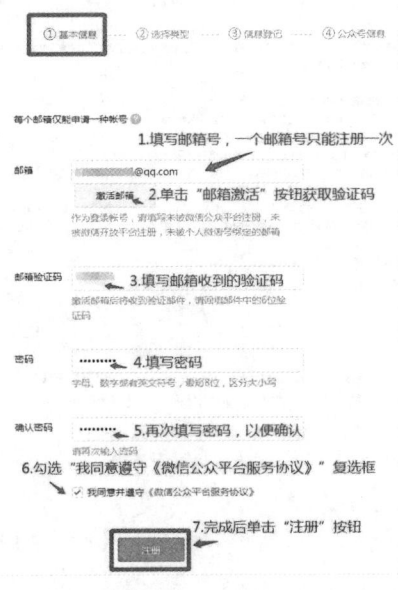

图 10-4 填写基本信息

💡 **拓展知识**:注册注意事项扫码阅读。

(4)选择运营主体类型:如图 10-5 所示,选定"订阅号"类型并单击"选择并继续"按钮,在确定无误后单击"确定"按钮。

注册注意事项

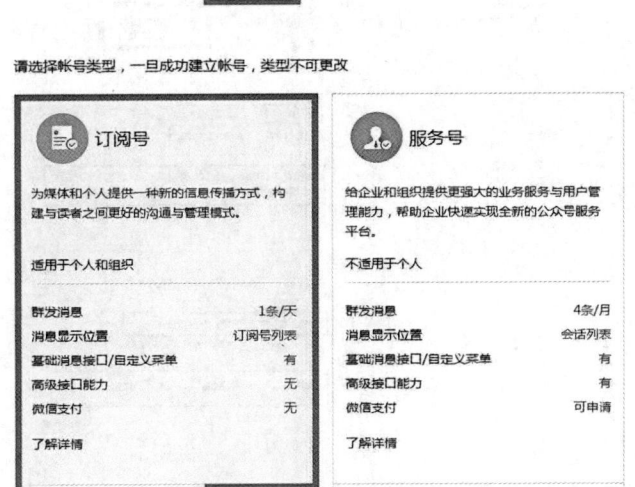

图 10-5 选择运营主体类型

（5）信息登记：确定类型后就可以进行"信息登记"，如图10-6所示，根据表内所需材料上的信息一一填写信息登记、上传、验证。

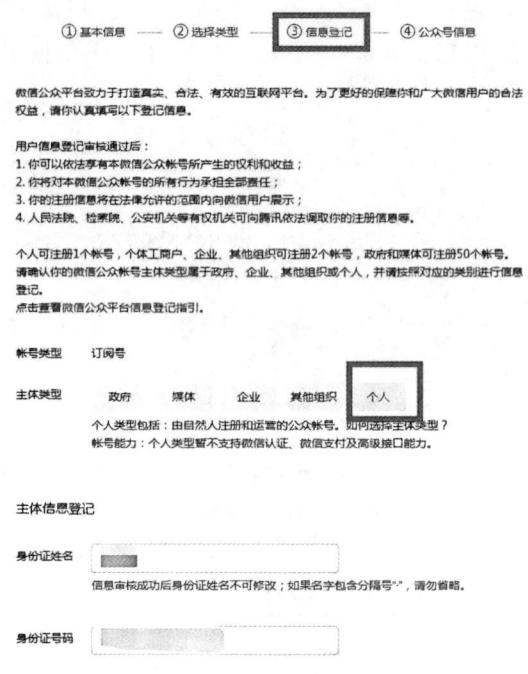

图10-6　信息登记

🔔 **拓展知识**：各主体类型介绍扫码阅读。

（6）填写公众号信息：在确定公众号类型并填写完信息登记后，申请流程就到了最后一个环节——填写"公众号信息"，如图10-7所示。

各主体类型介绍

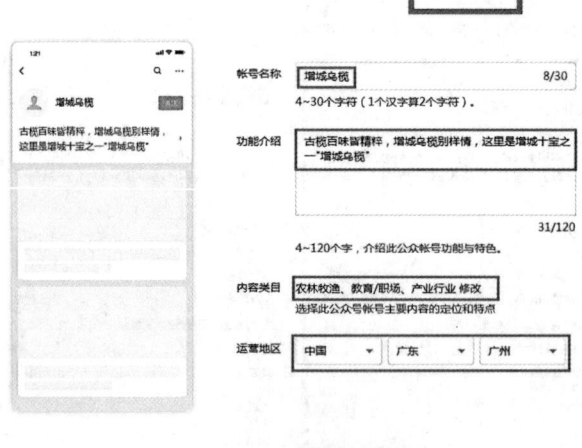

填写公众号名称的注意事项、名称设置注意事项

图10-7　填写公众号信息

🔍 **拓展知识**：填写公众号名称的注意事项、名称设置注意事项扫码阅读。

（二）微信公众号账号设置

登录公众号找到微信公众平台左栏的"设置与开发"模块，选择"公众号设置"和"账号详情"选项卡所含内容如图 10-8 所示，同学们可以对照以下案例，完成公众号的账号设置。

图 10-8 微信公众号账号设置

1. 头像设置

在公众号设置单击"公开信息"按钮，单击头像处可对头像进行更改，单击"选择图片"，如图 10-9 所示。

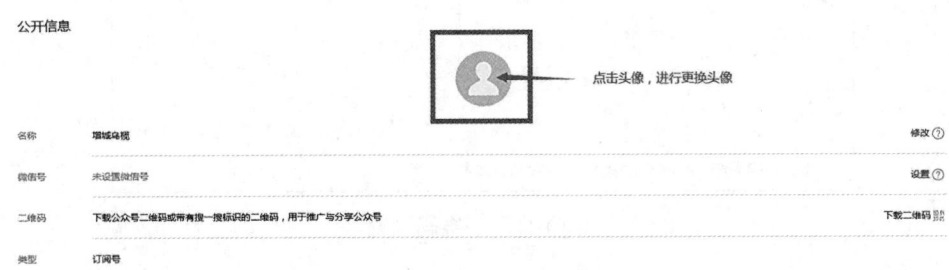

图 10-9 头像设置

🔍 **拓展知识**：头像的作用及头像的五大类型请扫码阅读。

2. 微信号设置

微信号的设置规则为：不支持设置为中文账号，必须以字母开头（可以使用 6～20 个字母、数字、下划线和减号）。设置后一个自然年内只能申请修改一次。如本项目可设置为 zcwl2022。

头像的作用及头像的五大类型

为了使微信号好记好搜，微信号应尽可能简短，最好和品牌有统一性。一般来说，微信号尽可能不要有下划线之类的特殊符号，因为不好输入，而且容易输错，如图 10-10 所示。

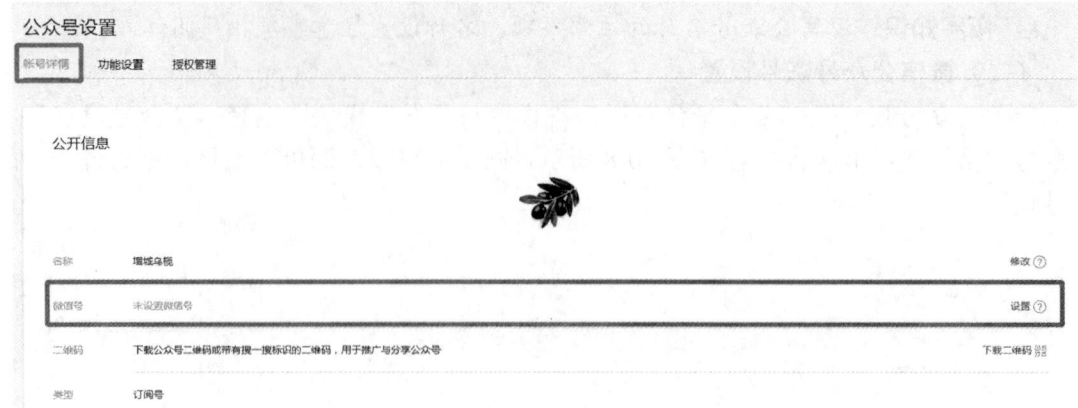

图 10-10 微信号设置

3. 二维码设置

在账号设置页面，单击"二维码"右侧的"下载二维码"，即可看到多种尺寸的二维码界面，微信能够提供不同尺寸二维码的下载，如图 10-11 所示。

图 10-11 二维码设置

4. 介绍设置

功能介绍长度为 4~120 字，功能介绍一个月内只能申请修改 5 次。原则上，功能介绍应尽可能简单好记、容易理解，能够清晰地传达公众号给用户提供的是什么服务、能带来什么价值，让目标用户快速了解你。如果有认证，认证信息里已经很全，就不必写公司简介或主营业务了。

本项目着重宣传增城乌榄，可以设置为：古榄百味皆精粹，增城乌榄别样情，这里是增城十宝之一"增城乌榄"，如图 10-12 所示。

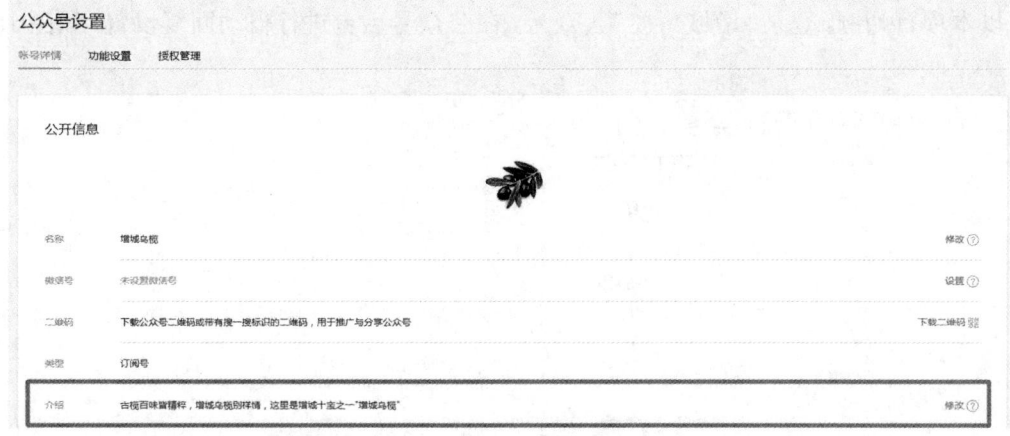

图 10-12　介绍设置

（三）微信公众号功能设置

微信公众号自动回复的消息包括被关注回复、收到消息回复、关键词回复三种类型，如图 10-13 所示。

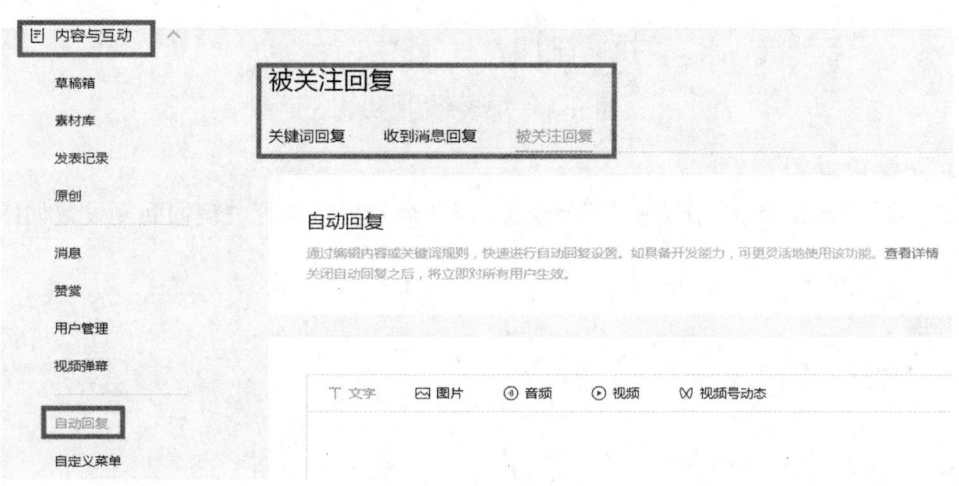

图 10-13　功能设置

公众号自动回复类型之间的差别

🔔 **拓展知识**：公众号自动回复类型之间的差别请扫码阅读。

1. 被关注回复

当用户关注一个公众号的时候，会立即自动收到一段运营者提前写好的欢迎语，这就是"被关注回复"功能。

对于这个设置，运营者要特别重视。因为这段欢迎语是与用户的第一次互动，内容要尽可能体现企业的宗旨理念，又要不失个性化，让用户一目了然，能自主操作。从回复形式上来说，"被关注回复"大多是文字，语音和图片形式也会有，但比较少见。微信公众平台不支持关注自动回复图文消息。要实现此功能的话，需要第三方平台作为辅助。

以本项目为例，登录"增城乌榄"公众号，在公众号后台进行自动回复设置，如图10-14所示。

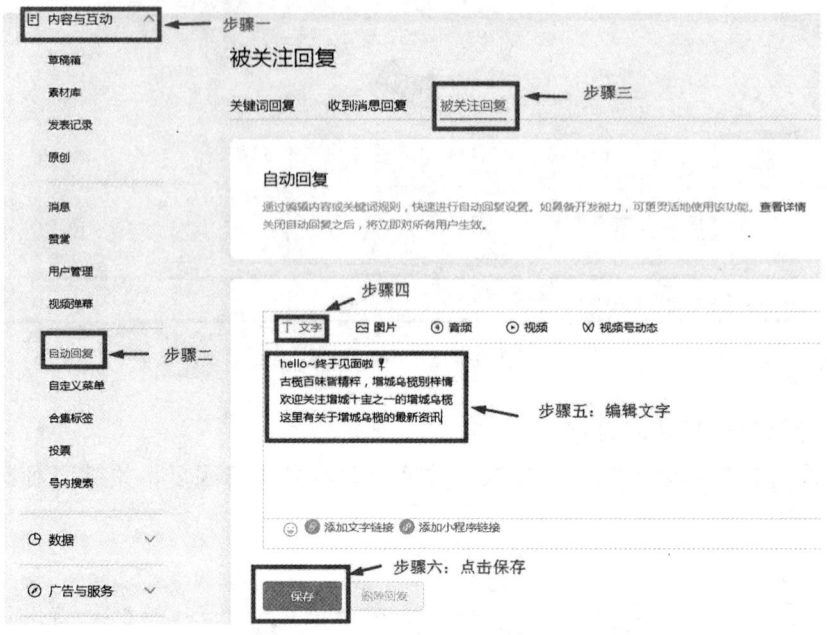

图10-14 被关注回复设置

2. 关键词回复

以本项目为例，登录"增城乌榄"公众号，在公众号后台进行关键词回复设置如图10-15所示。

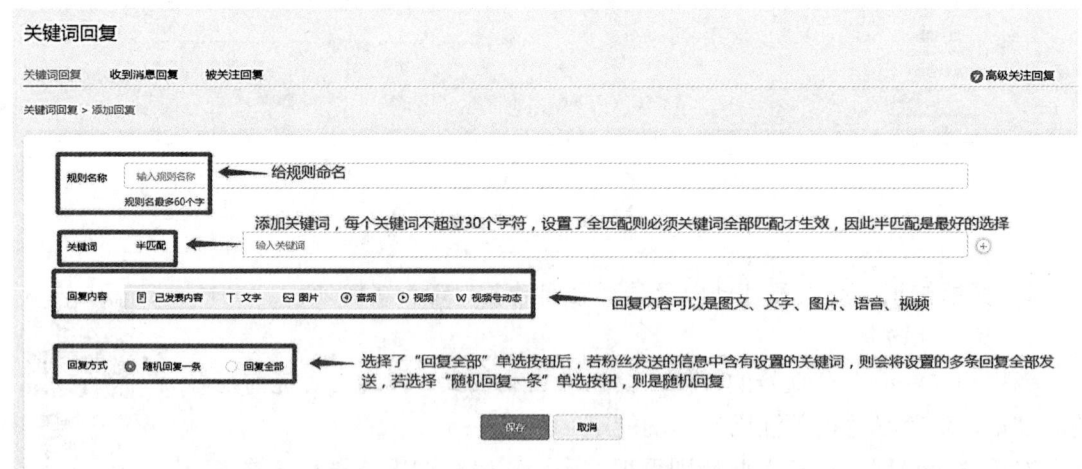

图10-15 关键词回复设置

3. 收到消息回复

以本项目为例，登录"增城乌榄"公众号，在公众号后台进行收到消息回复设置，如图10-16所示，编辑相对应的内容。

项目十　微信公众号注册与初始化设置　111

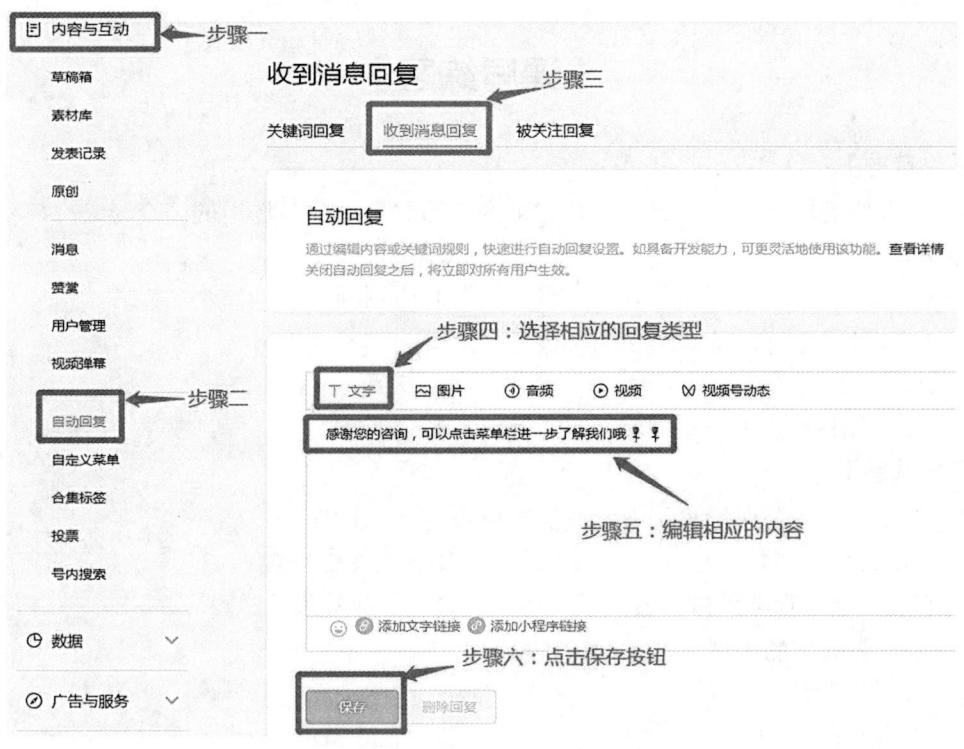

图 10-16　收到消息回复设置

三、课中评价表

课中评价表如表 10-7 所示。

表 10-7　课中评价表

评价项	具体评价内容	达到目标	积分		
			自评	组评	师评
微信公众号申请与设置（45分）	明确公众号类型：能清楚区分公众号类型	能运用所学知识点，准确申请公众号类型，根据定位完成公众号基础化设置			
	完成账号设置：是否清晰设置且符合公众号调性的内容				
	完成功能设置：是否清晰表达本公众号的立意和定位				
职业素养（20分）	1. 能按计划完成工作任务 2. 在公众号设置过程中，能准确地定位公众号和完成公众号的设置 3. 态度端正、无无故缺勤、迟到、早退现象	能以运营者身份要求自己，养成良好的专业素养			

企业导师评语：

【课后练习】

【单选题】

1. 为宣传增城乌榄，一周需要发布至少 3 篇文章，应该选用的公众号是（C）。
   A．小程序 B．服务号
   C．订阅号 D．企业微信
2. 服务号每月可以发送图文的次数是（A）。
   A．4 篇 B．8 篇
   C．无限制 D．10 篇

【多选题】

1. 在注册微信公众号时，需要提供的信息有（ABCD）。
   A．公众号名称 B．公众号类型
   C．公众号管理员微信号 D．公众号头像
2. 微信公众号的类型包括（ABCD）。
   A．订阅号 B．服务号
   C．小程序 D．企业微信
3. 在微信公众号的初始化设置中，可以设置的内容有（ABCD）。
   A．公众号菜单 B．自动回复
   C．关注欢迎语 D．粉丝标签

【判断题】

同乡会是否需要开通一个订阅号？（×）

【任务拓展】

按照示例，申请一个的关于丝苗米（岭南优质大米）的微信订阅号，在实训平台上完成本次任务，将实施步骤截图保存，上传至实训平台，并完成公众号的搭建及初始化设置，使之成为完整的公众号。

_____
_____
_____
_____
_____

课后任务评价表如表 10-8 所示。

表 10-8 课后任务评价表

具体评价内容	达到目标	积分
完成订阅号申请、注册、设置等操作（10 分）	订阅号名称、头像、介绍、被关注回复设置均符合丝苗米的属性和特点	
完成课后任务和作业（10 分）	能结合所学知识点完成作业	

项目十一　微信公众号图文创排

项目分析

该项目侧重培养学生的微信公众号图文创作技能。通过分析社会热点、受众需求，以及垂直领域，学生将学会选题策划和内容创作。任务的核心是了解不同内容的创作类型，包括新闻、知识、故事、资讯、教程和商业推广性内容。学生还将掌握素材的收集和整理，以及合适的配图选择。这个项目旨在培养学生的创意、编辑和版权意识，帮助他们成为有竞争力的微信公众号编辑和内容创作者。

任务一　图文选题、内容创作

【学习目标】

知识目标
1. 理解公众号选题策划、图文创作的方法和技巧。
2. 掌握公众号的选题思路与图文排版、配图的技巧。

能力目标
1. 能够运用合适的方法和技巧进行选题和创作图文信息。
2. 能够熟练处理文字素材和图片素材。
3. 能够提高标题撰写和信息整合的能力。

素养目标
1. 培养实事求是的观察力，学以致用，主动认真观察不同的产品和事物，主动实践。
2. 树立版权意识，确保在文案素材的创作和选用中遵守适用的法律法规。
3. 培养精益求精的工匠精神，鼓励不断提高技能和追求卓越。

【任务描述】

本项目旨在培养学生在微信公众号上进行图文内容策划和创作的技能。学生将学习如何通过分析社会热点、受众痛点和垂直领域来选择合适的选题。此外，任务将引导学生了解不同类型的内容创作，包括新闻型、知识型、故事型、资讯型、教程型和商业推广型内容。学生还将学习如何选择相关配图，注意版权问题，并了解素材的收集和整理方法。通过本任务，学生将掌握在微信公众号上创建吸引人的图文内容所需的关键技能。

【课前导学】

一、社会热点分析

围绕热点话题进行选题策划是常用手法。热点话题关注度高，能激发用户参与讨论。社会热点是指在社会中引起广泛关注、讨论、激起民众情绪、引发强烈反响的事件。一般来说，热点分为以下几类。

（一）借势热点

借势热点是当前一段时间最热门的事件，如比赛、节庆等，热点选题角度的公式为：热点关键词+内容定位+用户痛点。

案例——国庆节热点关键词：游玩、堵车、朋友圈分享、美食等，结合内容定位和用户痛点，可以借势的选题有：

《国庆｜车速堵成个位数？增城这些活动值得你"留守广州"》

《我在增城的群山里行走，走过树林、菜地，见过晨曦、黄昏、星辰……》

《山里自然生长的食材很新鲜，乌榄用水一煮都是甜的，城市里根本看不到的食材》

《独自走在增城乌榄的大树下，瞬间被治愈了》

《在增城古镇的村落里，用一个下午，拍摄一棵树……》

《在市集，遇到一个榄雕匠人，50年的执着，一下子就被感动了》

借鉴热点事件平台：可以根据平台上的数据分析来捕捉热点，包括微博热搜、百度热搜风云榜、特赞营销日历、微舆情、知微传播分析、百度指数、头条指数、微信指数等，这些网站会提供热搜文章，也会有热点推荐，在根据热点写文章时可以搜索借鉴。

（二）民生热点

民生热点是一般用户都会关心的、与人们的衣食住行、娱乐游玩、教育、医疗等密切相关的内容。

案例——围绕增城开展系列活动的关键词选题可以有：

《五一首日增城刮起了"文艺风"》

《二龙山乌榄文化节首日迎客 8000 人》

《首届二龙山乌榄节上游客争相品尝乌榄》

（三）影视热点

如 2021 年春节档电影《你好，李焕英》，很多图文号围绕它来创作，该电影也在那段时间获得了不错的流量。由于本项目增城乌榄能靠近的影视热点几乎没有，故只做拓展补充说明。

二、受众痛点分析

所谓痛点，是用户需要解决或了解的问题以及尚未被满足且被广泛渴望的需求。发掘用户的痛点，就是为自己的文章寻找被阅读的机会。对图文号来说，如果提供有价值、有趣的内容，那么必须抓住用户的痛点，在最恰当的时机和领域，提供一个解决方案或提供满足用户心理的内容，解决用户的需求。痛点内容包括下述两种。

（一）普遍关注的社会议题

这类议题就在用户身边，容易激发情感，如：果农商户种植的水果因疫情而滞销，利用公众号平台或视频平台发声等易引起大众共鸣的内容，更能够获得点赞和分享，从而达到大规模传播的目的。

案例——《疫情下农产品"卖难"，电商急解围》

以乌榄为例，可从乌榄身上挖掘关键词，如乌榄功效、乌榄水果、乌榄食品、乌榄榄雕等关键词，从而形成选题。

案例——《乌榄的功效与作用，乌榄怎么腌制？》

案例-疫情下农产品"卖难"，电商急解围

图 11-1 所示是以乌榄的功效为主题开展的干货文章，展现乌榄的功效和价值。

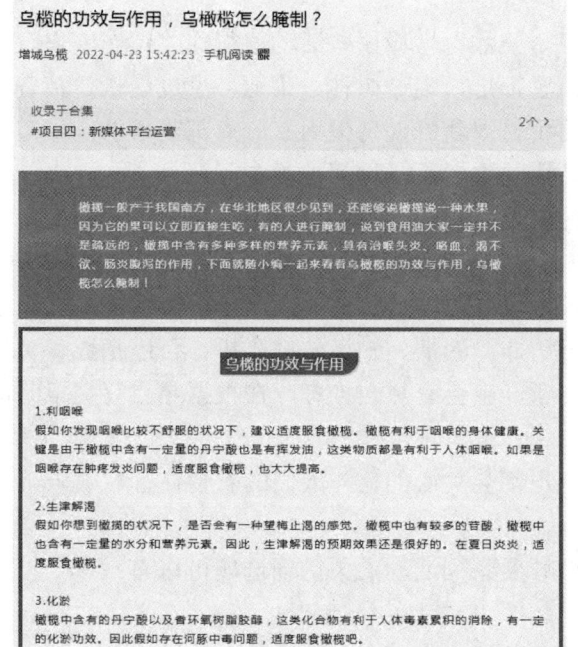

乌榄的功效与作用，乌榄怎么腌制

图 11-1 传播知识的内容文章

（二）日常知识内容

这类内容包括有育儿、健身、美妆、美食、瘦身、旅行攻略等与用户生活中某方面的诉求相关的内容，也可以为用户提供生活小妙招、活动资讯和达成某种生活目标的策略与方法。

以乌榄为例，可从当地结合乌榄举办的活动来挖掘关键词，乌榄节、吃榄、打榄、赏榄等关键词，从而形成选题。

案例——《"乌榄之乡"举行乌榄节，一起去增城打榄、吃榄、看榄雕……》

这是以民生活动热点为方向，以乌榄节为主题开展的活动文章，吸引打榄爱好者前来打卡，如图 11-2 所示。

"乌榄之乡"举行乌榄节,一起去增城打榄

图 11-2 日常知识内容文章

三、垂直领域的确定

垂直领域是聚焦某一个行业里的某一板块的专业化内容服务,将注意力集中在某些特定的领域或某种特定的需求,提供有关这个领域或需求的全部深度信息和相关服务。垂直细分领域的粉丝价值更高、用户黏性更强,更具有商业变现的价值。垂直领域图文号需要运营人员对行业有更加深入的理解,有专业领域、行业资源的积累,这样才能源源不断地输出有价值的内容。

案例——《秋风起,乌榄香!一起到小楼镇邓山村打榄吧!》《增城人竟不知道,作为"十宝之一"的乌榄这么厉害!》

这是以乌榄为垂直领域不断输出内容,从乌榄采摘、上线、制作乌榄食品及介绍乌榄工艺品形成垂直化文章输出,如图 11-3 和图 11-4 所示。

图 11-3 以乌榄为垂直领域的文章　　　　图 11-4 以乌榄为垂直领域的文章

秋风起，乌榄香！一起到小楼镇邓山村打榄吧　　增城人竟不知道，作为"十宝之一"的乌榄这么厉害！

四、内容创作类型

（一）新闻型

时效新闻能吸引足够多的眼球，因此不管哪类公众号，都应该将新闻类内容作为常规内容之一。以乌榄为例，可将当地媒体对乌榄的相关报道作为素材进行筛选、整合、二次创作，从而形成一篇完整的图文。

案例——《拥有古乌榄树 1800 多棵！增城这里的村民销售乌榄收入超 500 万元》以乌榄种植销售给当地人民创造可观受益进行新闻类报道，《二龙山乌榄文化节首日迎客 8000 人》则以乌榄节活动为主旋律进行新闻类报道，两个案例都结合了当地媒体对乌榄的报道作为素材，经过整合、二次创作后，形成文章对外输出，如图 11-5 和图 11-6 所示。

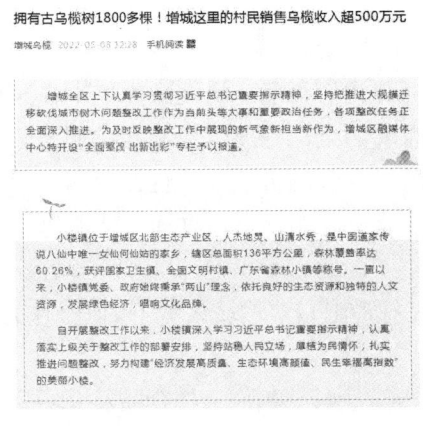
图 11-5　新闻型内容创作

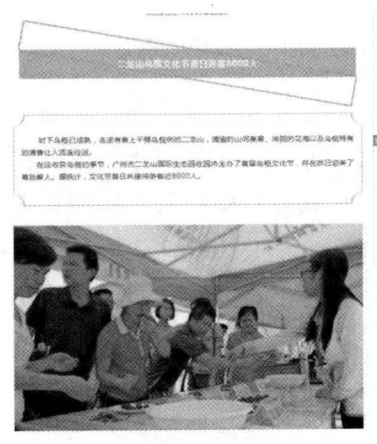
图 11-6　新闻型内容创作

拥有古乌榄树 1800 多棵！增城这里的村民销售乌榄收入超 500 万元

二龙山乌榄文化节首日迎客 8000 人

（二）知识型

撰写的文章顾名思义为科普类知识，可从网上搜集与乌榄相关的科普类素材，如以乌榄功效、乌榄的药用价值、乌榄的食用价值等为关键词进行搜索文章，通过筛选、整合、二次创作形成一篇完整的图文。

案例——《打榄啦！从"果上树"到"手中趣"，增城乌榄全是都是宝》以科普乌榄的功效及作为榄雕艺术品为主进行知识型创作报道，案例结合了当地媒体对乌榄的报道作为素材，经过整合、二次创作后，形成文章对外输出，如图 11-7 所示。

打榄啦！从"树上果"到"手中趣"，增城乌榄全身是宝

图 11-7　知识型内容创作

（三）故事型

故事类内容包括个人故事、情感故事、励志人生故事、名人故事、悬疑故事等。

案例——《挂绿·故事｜童年时乌榄的味道》以作者对乌榄的记忆及童年时期的故事为背景进行创作。故事型文章比较考验作者文笔能力，通过真情实感的故事，快速打动人心，如图 11-8 所示。

挂绿·故事童年时乌榄的味道

图 11-8　故事型内容创作

（四）资讯型

资讯型文章一般是向群体或受众传达某个信息，账号主体发布的资讯型内容一般是关于活动介绍、事件通知及政策传达的。

案例——《"乌榄之乡"举行乌榄节，一起去增城打榄、吃榄、看榄雕……》是以普通民众的活动为方向，以乌榄节为主题开展的资讯文章，为乌榄节活动的预热，提前预告本次乌榄节活动的相关信息，吸引打榄爱好者前来打卡，如图11-9所示。

"乌榄之乡"举行乌榄节，
一起去增城打榄

图 11-9　资讯型内容创作

（五）教程型

这一类文章的意图是教会读者某一种技能或者解决某一个问题，主打实用价值。好的教程型文章会得到读者自发的收藏和转发，并吸引其长期关注该账号。

案例——《一碗白粥的标配，请加上最原始方法腌制的乌榄》是以如何研制原汁原味的乌榄展开的教程型文章，向乌榄爱好者介绍制作乌榄的食用教程，如图11-10所示。

一碗白粥的标配，请加上
最原始方法腌制的乌榄

图 11-10　教程型内容创作

五、商业推广性内容创作

商业推广性内容也称为软文或广告植入内容，目前比较常见的广告性文章有两种，一种被称为硬广，另一种被称为软广。硬广一般是纯粹介绍产品或者优惠信息的，而软广是要结合某一种类型的载体，如教程或故事，然后巧妙地将广告植入到文章中。

推广性内容创作对编者的专业性和产品的熟悉度都有着较高的要求，结合不好容易造成反向宣传。

六、文章配图

内容是一个图文号的核心，配图是图文内容视觉输出的重点。好的配图不仅能使图文内容更直观地展现给用户，还能够让用户很好地理解、把握文字内容，提升图文号的影响力。

配图要与文章内容相关、风格统一。图片要足够清晰，否则会影响用户的阅读体验。另外，不要选择有版权的图片，避免侵权行为。

案例——《增城的小楼邓山：千亩百年乌榄树》这篇文章的配图均以乌榄树为主，契合主题，如图 11-11 和图 11-12 所示。

图 11-11　图片选择

图 11-12　图片选择

七、素材收集与整理

在创作文案内容之前,需要收集相关素材、整理素材,为后面的内容创作做好准备,素材收集和整理有哪些常用方法和技巧呢?

(一)建立素材库

从报纸、公众号、网站、书籍等处收集金句或学习原创金句的类型和写法,形成自己的素材库,注意对素材进行分类、整理,形成自身风格。

(二)素材分类

(1)常用素材分类:无须再进行设计或改编的材料,重复使用频率高。

(2)二次加工素材分类:从其他网站或文章中积累的需要加工后才可以使用的素材。

(3)灵感素材分类:具有启发性和可模仿性。

(4)可在微信后台的图片素材库建立常用分组。

(三)借鉴素材收集网站

花瓣网、站酷、全景网、凡科快图等网站。图片、文字等素材涉及版权的要注意其使用说明。

【知识补充】

知识拓展,获取"素材分类方法""常见的素材收集网站""常见的素材制作工具"相关知识。

素材分类方法　　　　常见的素材收集网站　　　　常见的素材制作工具

🔔 **小提示**:扫一扫,完成课前测试及学习微课:如何创作知识型文章。

项目十一任务一课前测试　　　　如何创作知识型文章

课前测试评价表如表 11-1 所示。

表 11-1　课前测试评价表

评价内容	达到目标	积分
微信公众号图文创排 (10 分)	能根据选题方法制定公众号标题	
	能独立完成至少一篇内容创作类型的文章	
	能找到与文章契合且匹配的图片完成文章配图	

【课中实操】

一、任务实施计划表

本次任务以完成一篇公众号文章为目标。其中策划选题为本次任务的重难点,其次就是关键词的确定。请按照表 11-2 完成任务实施。

表 11-2 任务实施计划表

序号	步骤	方法与技巧	注意事项
1	分析受众痛点	根据社会普遍关注的专业知识或日常知识的方向完成选题	注意知识的正面性
2	创作知识型文章	收集关于科普乌榄的文章,如:乌榄的药效功能、乌榄的食用功能等素材进行整合,对内容素材进行提炼、编辑、润色,二次创作形成自己的文章	与用户诉求或活动资讯为主
3	文章配图	与文章内容相关、风格统一的图片	注意版权意识,避免侵权

二、实施过程

前面描述了关于选题策划的知识点及内容创作的方法类型,要从用户思维出发,完成选题及内容创作

(一)受众痛点分析

思考乌榄在用户身上会出现哪些痛点需求,如科普乌榄是什么、科普乌榄、乌榄功效、乌榄怎么吃等选题,写出关于"乌榄"的两个选题。

(二)创作知识型文章

(1)撰写介绍乌榄功效的文章时,提前构思文章的框架结构,如第一段介绍乌榄、第二段介绍乌榄功效,再根据框架结构在浏览器上搜索相关关键词。

(2)根据文章框架结构及选题结果,在百度浏览器上搜索如"乌榄功效"关键词,单击"资讯"按钮,可看到关于乌榄功效的相关文章,如图 11-13 所示。

图 11-13 搜索乌榄功效文章

（3）单击打开一篇或多篇关于乌榄功效的文章，如图 11-14 所示。

又到成熟季，一斤8元农民却不卖，果肉留着吃，果核更抢手

十年农耕
2021-09-11 13:38 | 三农领域创作者 关注

以前农村最不缺的就是各种小果子，各种各样的野果可是农村娃的宝贝，嘴馋了就直接去野外找一找，随手一摘都是难得的美味。秋天的野果种类最多了，金樱子、桃金娘、万寿果、乌榄都是大家爱吃的果子。今天为大家介绍的就是乌榄，现在正是成熟季，市场上一斤卖8元，可农民并不着急卖，果肉留着腌制吃，非常美味，果核则更加抢手。

乌榄的果肉可以直接食用，也可以进一步加工，用来腌制最好，洗净晾干后放入一定比例的盐、水和白糖，放在密封罐子里，过一个月的时间就可以吃了，又香又脆，非常下饭。潮汕人则用它来搭配粥，味道独特，回味悠长。除了好吃以外，乌榄果实还有一定的药用价值，它是一种中药材，有止血、解毒的功效，完全可以当做药膳吃。

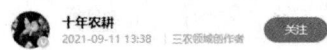

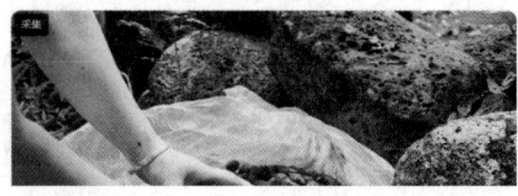

图 11-14　打开乌榄功效文章

（4）对搜索到的素材进行过滤整合，在文档上对素材进行内容提炼、编辑、润色、二次创作后形成了自己的文章，如图 11-15 所示。

乌榄的功效与作用，乌橄榄怎么腌制？

橄揽一般产于我国南方，在华北地区很少见到，还能够说橄揽说一种水果，因为它的果可以立即直接生吃，有的人进行腌制，说到食用油大家一定并不是疏远的，橄揽中含有多种多样的营养元素，具有治喉头炎、咯血、渴不欲、肠炎腹泻的作用，下面就随小编一起来看看乌橄榄的功效与作用，乌橄榄怎么腌制！

乌榄的功效与作用

1. 利咽喉

假如你发现咽喉比较不舒服的状况下，建议适度服食橄榄。橄榄有利于咽喉的身体健康。关键是由于橄榄中含有一定量的丹宁酸也是有挥发油，这类物质都是有利于人体咽喉。如果是咽喉存在肿疼发炎问题，适度服食橄榄，也大大提高。

2. 生津解渴

假如你想到橄揽的状况下，是否会有一种望梅止渴的感觉。橄榄中也有较多的苷酸，橄榄中也含有一定量的水分和营养元素。因此，生津解渴的预期效果还是很好的。在夏日炎炎，适度服食橄榄。

3. 化淤

橄榄中含有的丹宁酸以及香环氧树脂胺醇，这类化合物有利于人体毒素累积的消除，有一定的化淤功效。因此假如存在河豚中毒问题，适度服食橄榄吧。

4. 助睡眠

假如你处于心神不宁的工作责任心之后，选择服食橄揽，橄揽有助睡眠的预期效果。橄榄口感好，对人体好处多，还是可以适度服食的。

图 11-15　乌榄功效文章整合

（三）文章配图

（1）在百度浏览器上，搜索乌榄图片并下载保存，如图 11-16 所示。不要选择有版权的图片，避免侵权行为。

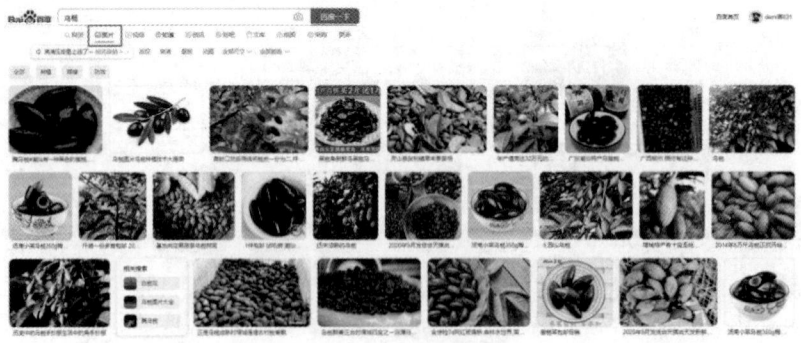

图 11-16　乌榄图片

（2）在文档上，插入图片完成文章配图，如图 11-17 所示。

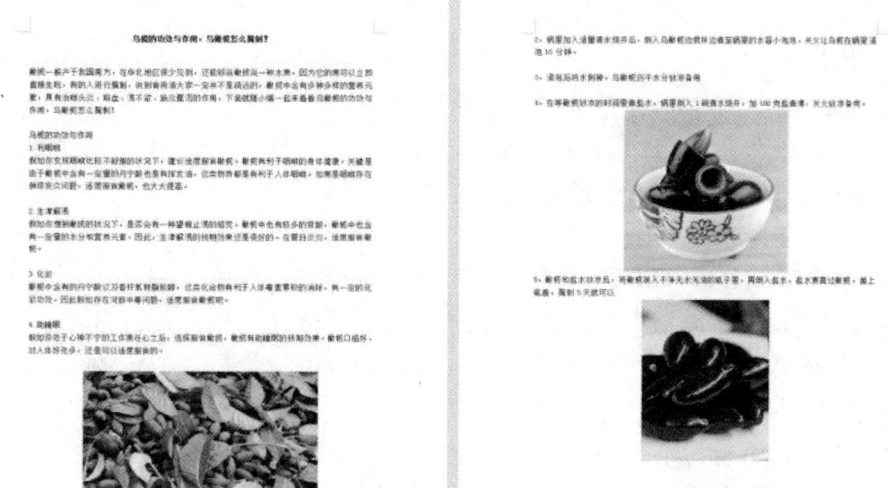

图 11-17　乌榄文章整合+配图

> 小提示：对素材进行整合，对内容进行提炼、编辑、润色，二次创作前需要先构思文章的框架结构。

三、课中评价表

课中评价表如表 11-3 所示。

表 11-3　课中评价表

评价项	具体评价内容	达到目标	积分		
			自评	组评	师评
微信公众号图文创作（45 分）	选题策划：能根据要求完成各类型选题	能运用所学知识点，完整地创作出结构清晰、表达清楚的文章			
	图文创作：能根据用户喜好完成不同种类的内容创作				
	文章配图：根据文章输出完成符合文字内容的配图				
职业素养（20 分）	1. 能按计划完成工作任务 2. 在图文创作过程中，对文章进行整合、独立完成内容提炼、润色和二次创作 3. 态度端正、无无故缺勤、迟到、早退现象	能以运营者身份要求自己，养成良好的专业素养			

企业导师评语：

【课后练习】

【单选题】

1. 选题策划中，不属于社会热点分析的是（D）。
   A. 借势热点　　B. 民生热点　　C. 影视热点　　D. 营销热点
2. 下列不属于选题策划方法的是（A）。
   A. 图文选择分析　　　　　　B. 受众痛点分析
   C. 垂直领域分析　　　　　　D. 社会热点分析
3. 在以下选项中不属于自主选题内容创作的是（D）。
   A. 新闻型　　B. 知识型　　C. 教程型　　D. 硬广型

【多选题】

1. 以下属于受众痛点分析的是（ABC）。
   A. 传播知识的内容　　　　　B. 普遍关注的社会议题
   C. 日常知识内容　　　　　　D. 垂直方向的内容
2. 下列属于素材收集网站的是（ABCD）。
   A. 凡科网　　B. 花瓣网　　C. 站酷　　D. 全景网
3. 对文章进行配图时，应注意（ABCD）。
   A. 文章内容相关　　　　　　B. 风格统一
   C. 避免侵权行为　　　　　　D. 图片要足够清晰

【任务拓展】

如果你是丝苗米商家的微信公众号运营者之一，正值"618"活动节，公众号计划推出上新活动，请结合选题分析知识点和内容创作技巧，撰写一篇关于丝苗米的文章，文章字数不少于600字。

_____
_____

课后任务评价表如表11-4所示。

表11-4　课后任务评价表

具体评价内容	达到目标	积分
完成丝苗米的选题策划（5分）	标题具备吸引力，富有新意	
撰写完成丝苗米知识型文章（10分）	文章结构完整，逻辑清晰且配图完整	
完成课后任务和作业（10分）	能结合所学知识点完成作业	

任务二 公众号图文编辑发布

通过上一个项目的实训后,学生基本掌握了图文编创的方法,在完成图文创作后,需要在微信公众号后台进行发布图文、编辑排版等操作,把写好的图文尽快推送至用户端,使产品得到宣传与推广。

【学习目标】

知识目标
1. 熟悉图文排版的方法和技巧。
2. 掌握公众号后台排版与配图的工具。
3. 掌握公众号微信图文的文案撰写。

能力目标
1. 能够使用文字排版。
2. 能够使用微信公众号后台编辑器。
3. 能够提高文字配图的审美能力。

素养目标
1. 培养实事求是的观察力,学以致用,发挥创意思维,提高个人审美能力。
2. 树立版权意识,确保在图片的选用上遵守适用的法律法规。
3. 培养精益求精的工匠精神,鼓励不断提高技能和追求卓越。

【任务描述】

本任务旨在培养学生的微信公众号编辑和发布技能。学生需要学会在微信公众号后台进行图文排版、配图和编辑。任务目标包括了解排版方法、掌握公众号后台工具,提高文案撰写和审美能力。此外,任务旨在培养实事求是的精神、创意思维和版权意识,鼓励学生精益求精的工匠精神。通过任务,学生将能够完整地编辑、排版并发布农产品相关文章,以进一步推广产品,提高传播效果。

【课前导学】

一、微信公众号关联壹伴助手

(1)在百度浏览器上搜索"壹伴助手",如图 11-18 所示。
(2)单击"安装小插件",如图 11-19 所示。
(3)根据浏览器的不同下载相应的插件,如浏览器是 QQ 浏览器,则单击 QQ 浏览器图标,如图 11-20 所示,下载保存插件。
(4)根据安装教程提示,完成安装,如图 11-21 所示。

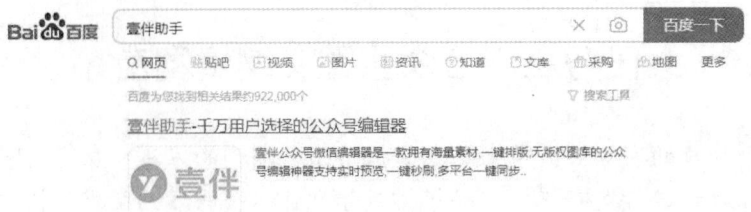

图 11-18　搜索壹伴助手

图 11-19　安装壹伴助手

图 11-20　下载保存插件

图 11-21　按照教程完成安装

（5）安装完成后，插件在浏览器的右上方处，登录公众号后台时，可单击插件进行扫码登录，如图 11-22 所示。

图 11-22　扫码登录

（6）微信管理员绑定壹伴助手后，编辑图文内容时可以使用绑定壹伴的微信图文编辑页面，也可以使用微信自带的内容编辑页面，如图 11-23 和图 11-24 所示。

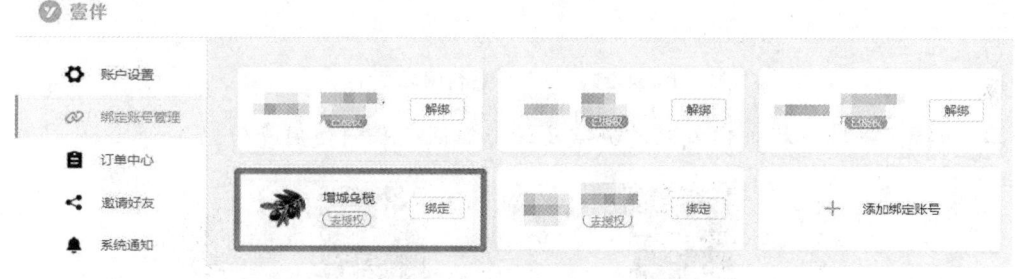

图 11-23　壹伴的图文编辑页面

图 11-24　微信自带的编辑页面

二、微信公众号后台的排版界面

在微信公众号平台自带的编辑工具，有插入图片、视频、音频、超链接、小程序、模板、投票、搜索、地理位置、视频号等功能；还有设置字体大小、字体样式、加粗、下划线、文字颜色、文字填充色、对齐方式、文本格式、插入表格等功能，与文档的功能设置基本相似，能够满足图文排版的需要，若要想图文排版更精美，便于读者阅读，打造公众号图文特色，可结合第三方排版编辑器使用，如图 11-25 所示。

图 11-25　公众号后台编辑页面

🔔 小提示：扫一扫，完成课前测试及学习微课：如何使用壹伴助手。

项目十一任务二课前测试　　　　如何使用壹伴助手

课前测试评价表如表 11-5 所示。

表 11-5　课前测试评价表

评价内容	达到目标	积分
微信公众号图文排版、配图和编辑（15 分）	完成壹伴助手插件安装	
	熟练使用公众号后台的编辑功能	
	熟练使用插件自带的标题样式及图文样式编辑	

【课中实操】

一、任务实施计划表

本次任务以编辑、群发图文为目标。其中编辑、排版内容为本次任务的重难点，其次就是封面图、摘要的确定。请按照表 11-6 完成任务实施。

表 11-6　任务实施计划表

序号	步骤	方法
1	登录微信公众平台	在壹伴助手插件上扫码登录

续表

序号	步骤	方法
2	创作新图文	单击草稿箱—选择新的创作—写新图文
3	排版图文	进入公众号排版后台，排版图文内容
4	设置封面和文章摘要	选择封面图和填写文章摘要
5	群发或定时群发	检查内容后群发文章

二、实施过程

在创作了"乌榄功效"的文章后，需要在微信公众号平台上进行排版和配图，使之成为完整的推文，进而发布给用户。

（一）登录微信公众平台

微信公众号绑定壹伴助手，完成账号授权后，扫码登录即可，如图 11-26 所示。

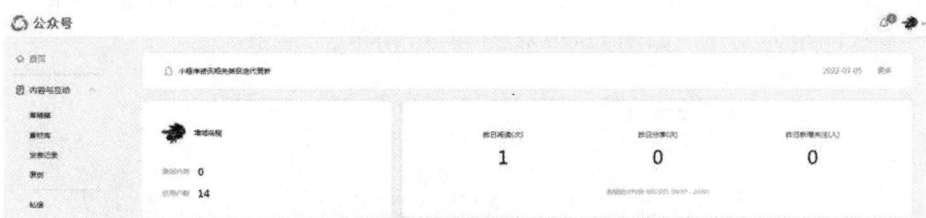

图 11-26　登录微信公众号平台

（二）创作新图文

单击"草稿箱"，选择"新的创作"→"写新的图文"，内容可以是图文消息、文字、图片、音频、视频或转载，如果在此前已排版过文章，还可以选择"已有图文"，如图 11-27 所示。

图 11-27　创作新图文

（三）排版图文

（1）在微信公众号后台输入标题、作者，然后把文档中的正文内容复制、粘贴到公众号后台上，如图11-28所示。

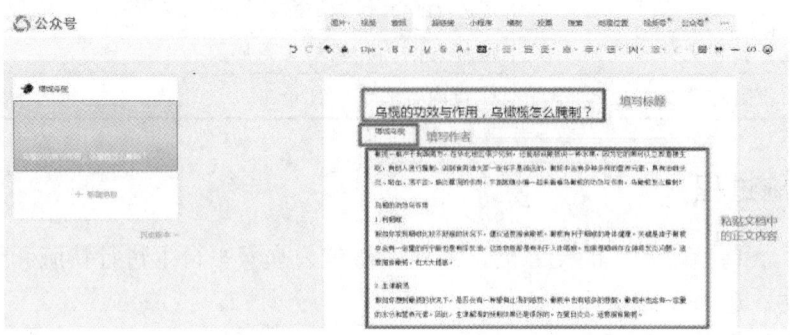

图11-28　排版图文

（2）对段落文字进行设置，字号选择16px，单击"首行缩进"图标，单击"行间距"图标，设置行间距为1.75，如图11-29和图11-30所示。

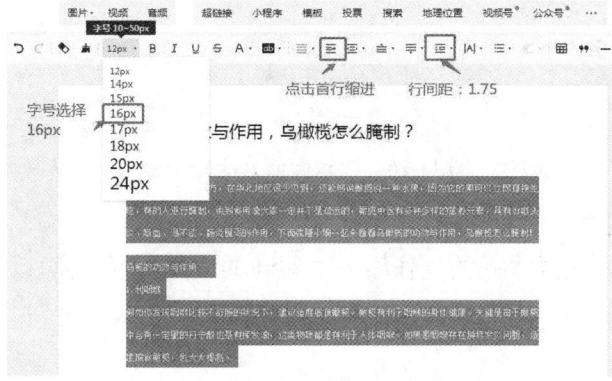

图11-29　设置图文格式

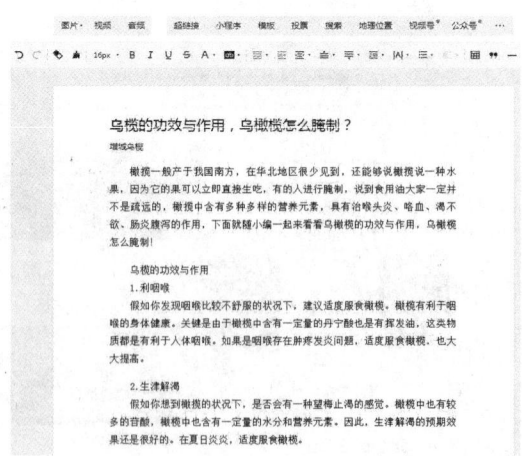

图11-30　图文格式设置效果

（3）单击"图片"按钮，可选择"从本地上传"和"从图片库选择"，单击"本地上传"，则可从本地选择图片上传至图文消息中，如图 11-31 所示。

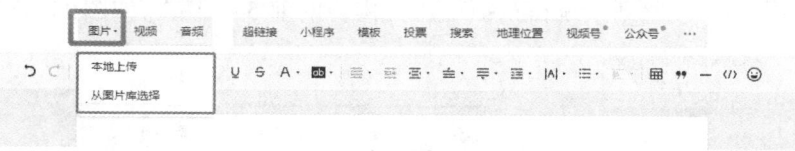

图 11-31　上传图片

单击"从图片库选择"，出现选择图片的弹出框，可从图片库中选择已上传的图片插入至图文消息中，也可以对图片进行分组，找到已下载的图片上传到公众号后台，插入到文章中，完成图文排版，如图 11-32 所示。

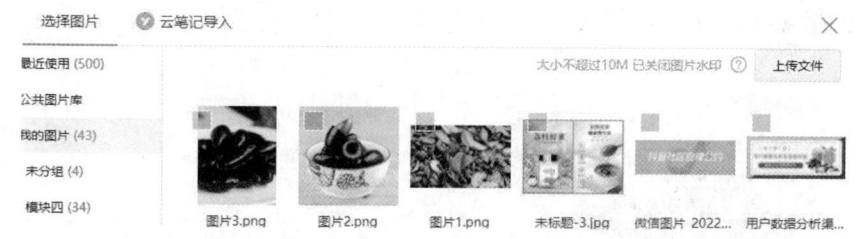

图 11-32　从图片库上传

插入图片后的效果如图 11-33 所示。

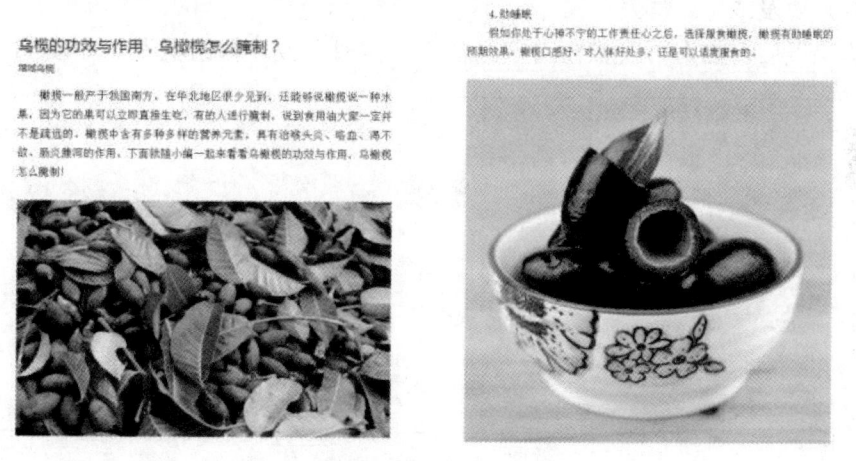

图 11-33　插入图片

（4）内容填写完毕后单击"保存"按钮，则可保存至图文素材库中；单击"预览"按钮，则可复制此文章的链接，如图 11-34 所示。

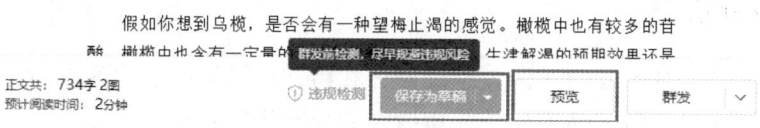

图 11-34　保存文章

（四）设置封面和文章摘要

封面图面选择"从正文中选择"或"从图片库选择"的一种，摘要内容可在正文中选择复制到摘要中，不设置则系统自动抓取正文内容的前 54 个字，如图 11-35 所示。

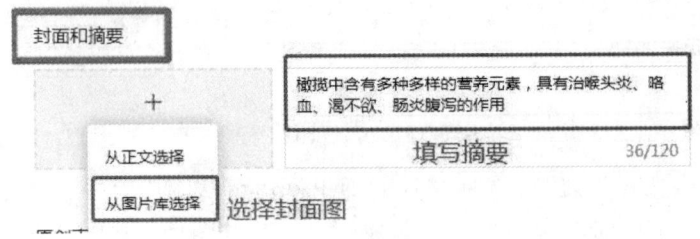

图 11-35　设置封面和摘要

设置后的效果如图 11-36 所示。

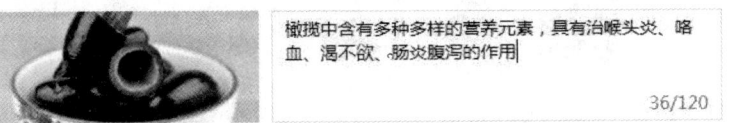

图 11-36　封面和摘要设置效果

（五）群发或定时群发

确认无误后，点击群发按钮可选择群发、定时群发、分组群发，如图 11-37 所示。

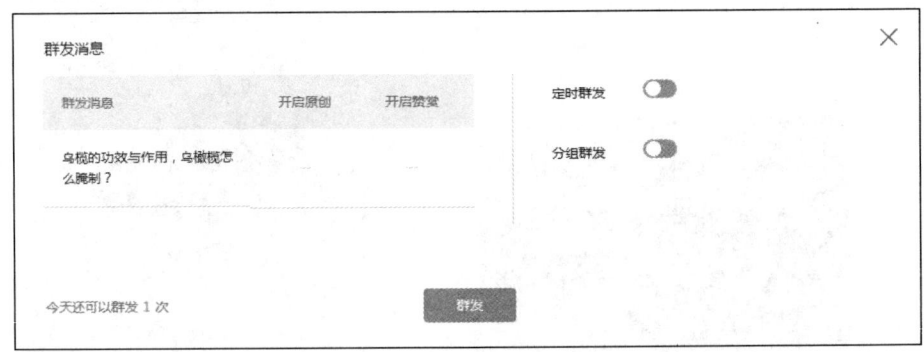

图 11-37　群发

🔔 **小提示**：多学习成熟的公众号文章排版方式，多参考同类型文章，借鉴其排版风格和模式，不断总结经验。

三、课中评价表

请对照表 11-7，对完成的详情页进行自评和组评。然后以小组为单位，选出本组内最好的详情页进行展示，由教师评分，并邀请企业导师进行点评。

表 11-7　课中评价表

评价项	具体评价内容	达到目标	积分		
			自评	组评	师评
微信图文创排（45 分）	文章标题：发挥创意思维，使标题更吸引读者	能运用所学知识点，对文章进行编辑、排版和群发			
	文章排版：是否准确设置段落间距、文字间距				
	图片：根据文章完成符合文章内容的配图				
职业素养（20 分）	1．能按计划完成工作任务 2．在图文排版过程中，能熟练使用公众号上的编辑、排版工具 3．态度端正、无无故缺勤、迟到、早退现象	能以运营者身份要求自己，养成良好的专业素养			

企业导师评语：

【课后练习】

【单选题】

1．在以下选项中不属于微信排版界面功能的是（D）。
　　A．插入图片　　　B．插入视频　　　C．插入音频　　　D．插入插件

2．在微信公众号图文编辑界面，左上角的"素材库"可以进行的操作是（D）。
　　A．上传图片素材　　　　　　　B．上传视频素材
　　C．上传音频素材　　　　　　　D．以上都可以

3．在微信公众号图文编辑界面，可以设置文章的属性是（F）。
　　A．标题　　　B．封面图片　　　C．作者　　　D．发布时间
　　E．正文内容　　　F．以上都可以

4．在微信公众号图文编辑界面，可以进行的文本编辑操作是（F）。
　　A．加粗　　　B．倾斜　　　C．下划线　　　D．标号
　　E．缩进　　　F．以上都可以

5．在微信公众号图文编辑界面，可以进行的链接设置是（D）。
　　A．插入超链接　　　　　　　B．插入小程序码
　　C．插入公众号二维码　　　　D．以上都可以

【多选题】

在公众号后台排版时，应注意（ABCD）。
　　A．标题显示完整　　　　　　B．内文排版清晰
　　C．摘要填写　　　　　　　　D．封面图尺寸大小

【任务拓展】

按照书中示例的方法,结合上个任务撰写完成的丝苗米文章,在微信公众号平台上发布以丝苗米为主体内容的文章。推文需要包含标题、正文、结尾、配图完整,并运用排版工具进行文章布局,美化文章,吸引读者。

课后任务评价表如表 11-8 所示。

表 11-8 课后任务评价表

具体评价内容	达到目标	积分
完成丝苗米文章的编辑、排版和发布(10 分)	字号、段落格式、行间距、图片、封面、摘要均完整	
完成课后任务和作业(10 分)	能结合所学知识点完成作业	

模块五　短视频制作与营销

学习情境

增城丝苗米是广东著名的稻米品牌，又是国家地理标志名优产品，曾多次荣获中国国际现代农业博览会"金奖"，享誉粤、港、澳，驰名东南亚。其中，"增城挂绿"丝苗米始创 1986 年，尤为出名。请根据任务目标，为"挂绿"牌丝苗米制作短视频，并进行营销运营。

丝苗米介绍

知识导图

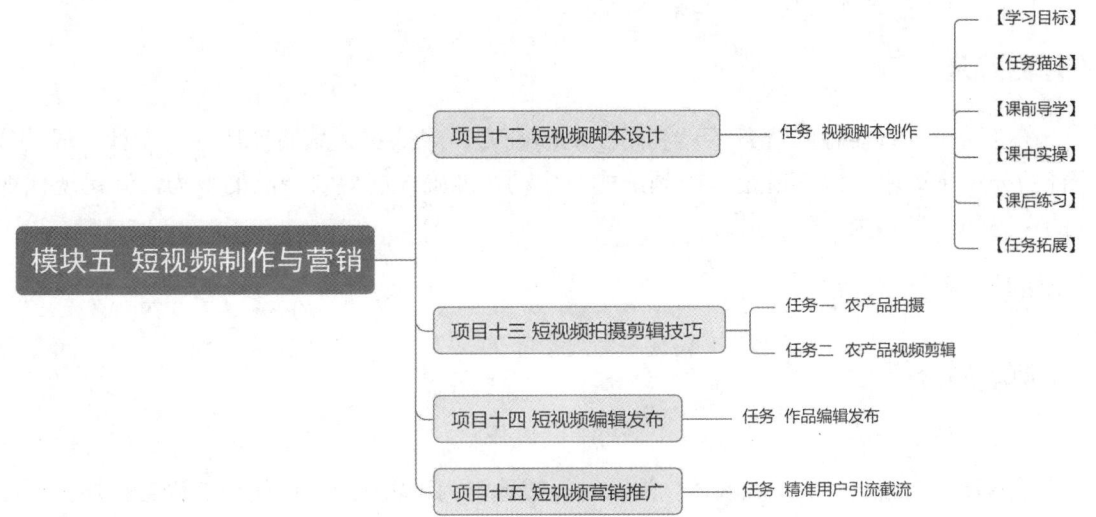

项目十二　短视频脚本设计

📢 项目分析

本项目深入探讨短视频脚本设计的核心技巧，从脚本的分类学习到实际操作，结合实例为学习者打造完整的脚本创作旅程，同时提供自测和拓展任务，确保学习者从理论到实践都能得到全面的锻炼。

任务　视频脚本创作

【学习目标】

知识目标

1. 了解脚本的分类。
2. 掌握各类脚本的特点和区别。
3. 熟悉脚本在各种媒体和场景中的应用。

能力目标

1. 能够做到独立创作短视频分镜头脚本，包括故事线、节奏和情感转换。
2. 掌握脚本写作的基本框架、关键要点及高效撰写技巧，并将创意有效地转化为文字。

素养目标

1. 培养编导思维，重视创新表达方式和影视内容的结构编排。
2. 有专业的工作态度和职业素养。

【任务描述】

在当前短视频盛行的背景下，利用团队的合力，深挖农产品的独特性，设计一段约 1 分钟的分镜头脚本，旨在通过短视频形式更生动、准确地展现农产品的魅力，满足现代观众的审美和信息需求。

【课前导学】

脚本的分类

（一）提纲脚本

提纲脚本是最简单的一类脚本，常以时间或地点为逻辑顺序，用简短的语言描述主要的拍摄内容。适合 Vlog 这种记录型视频或不确定因素的内容。提纲脚本示例如图 12-1 所示。

```
Vlog 主题：回家看看
脚本：
1.早上 8 点，在房间醒来洗刷收拾
2.早上 9 点，出门打车，拍摄沿途城市风景
3.早上 10 点，到达高铁站，排队入站和看到月台上
信息提示牌
4.下午 4 点，终于出站了，爸爸已经在出口等
5.晚上 7 点，回到家里和妈妈唠嗑，一家人吃饭
```

图 12-1　提纲脚本示例

（二）文学脚本

文学脚本，就是用纯文字的形式表现想要的画面，例如知识口播、情绪视频。这类视频的脚本只需要把要说的话写下来就行，能够简单配合画面即可。文学脚本示例如图 12-2 所示。

图 12-2　文学脚本示例

（三）分镜头脚本

分镜头脚本是最详细全面的一类脚本，通常包括画面内容、景别、拍摄技巧、机位、时长、对白、道具等，具体内容可以根据需要增加或减少。分镜头脚本在一定程度上算是"可视化"影像，能够大大提高后续拍摄和剪辑的效率。

【知识补充】（脚本创作攻略）

分镜头脚本视频示例　　脚本创作攻略

分镜头脚本示例如表 12-1 所示。

表 12-1 分镜头脚本示例

镜头	景别	画面内容	对白	拍摄技巧	机位	道具	时长/s
1	中景	女主角拿着项链慢慢抬高		固定机位	侧前方	项链	2
2	近景	项链被拿起的近景画面		跟随项链主体移动	正面	项链	1
3	近景	女主角把项链戴上		移镜头	侧前方	项链	2
4	近景	女主角拨动头发慢慢行走		移镜头	侧前方	项链	2
5	全景远景	女主角慢慢转身向窗外眺望		慢慢后拉镜头至远景	侧面	项链	5

🔔 小提示：扫一扫，完成课前测试。

课前测试评价表如表 12-2 所示。

表 12-2 课前测试评价表

项目十二课前测试

评价内容	达到目标	积分
脚本种类（15 分）	了解脚本种类	
	了解不同脚本之间的区别	
	熟悉脚本写法	

【课中实操】

一、任务实施计划表

本次任务以创作农产品视频（蔬果或干货）分镜头脚本为最终目标，能突出产品自身特点，请按照表 12-3 完成任务实施。

表 12-3 任务实施计划表

序号	步骤	方法与技巧	注意事项
1	制作统筹	根据产品特点，统筹拍摄条件，小组讨论，构思初步画面	实事求是
2	脚本创作	细化镜头，填充镜头细节内容	创新思维

二、实施过程

（一）制作统筹

小组头脑风暴，结合产品的使用环境和自身特性，写出视频画面内容并完成拍摄统筹表，如表 12-4 所示。

🔔 小提示：扫一扫，学习微课：五分钟撰写爆款分镜头脚本。

五分钟撰写爆款
分镜头脚本

表 12-4 拍摄统筹表

序号	类别	内容	说明
1	人员		拍摄团队，参演人员
2	地点		具体取景地点
3	道具		结合实际，容易实现
4	背景音乐		符合视频风格，可多选
5	风格		从审美点、新奇点、泪点、价值点、笑点、吐槽点考虑

（二）脚本创作

这是一个由简单到复杂、逐步精细化创作的过程。完成拍摄统筹表后，按照分镜头脚本格式，根据产品的内容策划需求，进行短视频分镜头脚本的写作（建议总时长 1 分钟内）。填写表 12-5（可另外制作表）。

表 12-5 短视频分镜头脚本

镜头	景别	画面内容	对白	拍摄技巧	机位	道具	时长
1							
2							
3							
4							
…							

三、课中评价表

课中评价表如表 12-6 所示

表 12-6 课中评价表

评价项	具体评价内容	达到目标	积分		
			自评	组评	师评
分镜头脚本创作（45 分）	制作统筹	符合创作需要，效率提升			
	脚本创作	符合产品拍摄需求			
职业素养（20 分）	1. 能按计划完成工作任务 2. 态度端正，思维活跃	能以新媒体人身份要求自己，养成良好的专业素养			

企业导师评语：

【课后练习】

【单选题】

1. 对于初入短视频的小白来说，最先掌握的应该是（D）。
   A．学拍摄　　　B．买设备　　　C．剪辑　　　D．写脚本
2. 写脚本的意义是（A）。
   A．指导前期拍摄和后期剪辑　　　B．记录想法
   C．没有意义　　　D．只做留存文档

【多选题】

1. 我们在拍摄短视频之前，应该做的准备工作有（ABCD）。
   A．总结规律　　　B．分析产品　　　C．内容策划　　　D．撰写脚本
2. 在短视频脚本中，必不可少的元素是（AD）。
   A．主题和情节　　　B．音乐和配乐　　　C．视频特效和滤镜　　　D．角色和对话

【简答题】

脚本的作用有哪些？

【任务拓展】

任务描述：请以某产地番石榴为例，创作番石榴的短视频分镜头脚本。

_____

_____

课后任务评价表如表 12-7 所示。

表 12-7　课后任务评价表

具体评价内容	达到目标	积分
完成番石榴分镜头脚本写作（10 分）	提高拍摄效率	
完成课后任务和作业（10 分）	能结合所学知识点完成作业	

项目十三　短视频拍摄剪辑技巧

📢 项目分析

此项目主要是为了培养学员在短视频制作方面的实用技能和知识,特别是在农产品的视频拍摄和后期剪辑这两个核心环节。项目通过两个具体任务,一是拍摄农产品,为后期制作提供素材;二是进行视频剪辑,把拍摄得到的素材整合成完整的视频内容。这两个任务综合了理论学习和实际操作,旨在使学员能够在实际应用中运用所学,全面提升短视频制作能力。

任务一　农产品拍摄

【学习目标】

知识目标
1. 了解短视频拍摄的基础知识。
2. 了解拍摄所需的设备。
3. 了解拍摄的镜头语言。

能力目标
1. 掌握常用的拍摄流程。
2. 掌握农产品短视频的拍摄手法。

素养目标
1. 增强团队合作精神,通过协作和沟通与他人共同完成项目,提高工作效率和质量。
2. 培养良好的职业道德,包括诚信意识、责任感和尊重他人的原则。
3. 培养创新求实精神,鼓励创新思维,以求实的态度解决问题并不断改进工作方式。

【任务描述】

通过上一个项目的实训后,学员基本掌握了短视频内容策划和分镜头脚本写作的方法,接下来的任务就是内容制作和呈现。学员分组进行短视频拍摄制作,用上一个项目完成的分镜头脚本进行团队拍摄,为后期制作储备丰富的产品素材。

【课前导学】

一、短视频拍摄设备

（一）智能手机

入门拍摄短视频，其实一部智能手机已经足够。具备以下功能的手机即可：千万像素级主摄像头，防抖拍摄，支持1080P以上和帧数30帧，广角或微距，手机拍摄界面如图13-1所示。

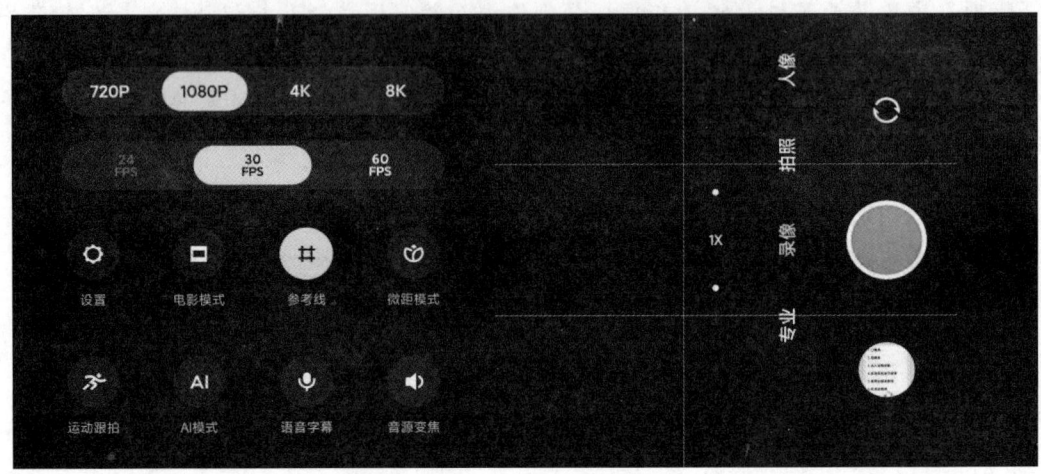

图13-1 手机拍摄界面

（二）单反相机

单反相机全称为单镜头反光照相机。"单镜头"，就是取景和成像都是同一个镜头；"反"就是指相机内部的反光板。而微单相机和单反又不一样，采取电子取景，不像单反使用光学取景。单反与微单结构如图13-2所示。

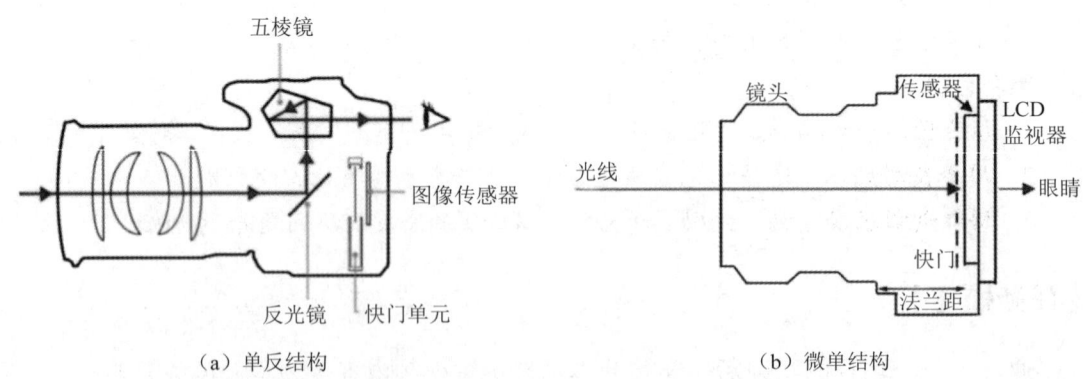

（a）单反结构　　　　　　　　　　（b）微单结构

图13-2 单反与微单结构

（三）手持稳定器（云台）

所谓的手持稳定器，也叫作手持云台，顾名思义，就是手机（相机）在拍摄时用于稳定画面,让用户在站立、走动甚至跑动的时候都能够实现拍摄出稳定顺畅的画面,如图 13-3 所示。

(四)三脚架

在户外拍摄时,有条件一定要使用三脚架,不仅可以稳定拍摄画面,还有利于画面的后期特效制作。三脚架的种类繁多,有桌面式三脚架、八爪鱼三脚架、补光型三脚架等,如图 13-4 所示。

图 13-3 手持稳定器

图 13-4 三脚架

(五)补光灯

市面上补光灯设备种类繁多,针对户外拍摄,建议采取便携式补光灯,例如补光棒、RGB 补光灯;而室内拍摄,建议采取常亮式补光射灯或 LED 补光板,并配合灯罩使用。常见补光灯如图 13-5 所示。

图 13-5 常见补光灯

二、镜头语言

(一)景别

景别是指由于在焦距一定时,摄影机与被摄体的距离不同,而造成被摄体在摄影机录像器中所呈现出的范围大小的区别。景别五大类型分别是远景、全景、中景、近景、特写,如图 13-6 所示。

1. 远景

远景以空间环境为主,表现宏大的场景、景观;具有渲染气氛,抒发情感,营造特定规模、气势和意境,如图 13-7 所示。

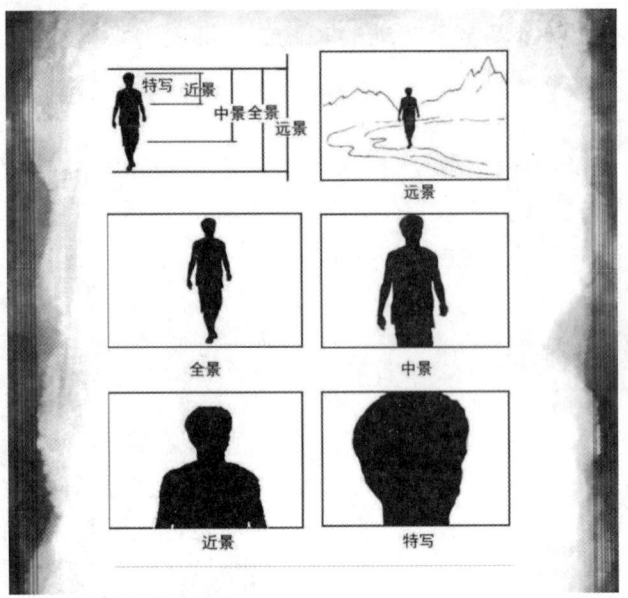

图 13-6　五大景别类型

图 13-7　远景

2. 全景

全景展现环境全貌，人物全体的景别，表现相对于局部的整体景观与场面。全景具有叙事描写的功能，侧重交代、说明，如图 13-8 所示。

图 13-8　全景

3. 中景

中景展现场景局部或人物膝盖以上部分。表现人与人、人与物之间的行动交流，强调动作性和故事性，感染力很强，如图 13-9 所示。

图 13-9　中景

4. 近景

近景展现物体局部或人物胸部以上部分，也称为"肖像画面"，利于表现人物的表情神态，细微动作或景物的局部状态，起到描写、表意的作用，如图 13-10 所示。

图 13-10　近景

5. 特写

特写用以细腻表现人物或拍摄物体细部特征，具有精确的叙事能力，在视觉上起到强调、突出的作用，同时还具有很强的表意能力，如图 13-11 所示。

图 13-11　特写

（二）构图

无论是静物或运动物体拍摄，一个好作品的核心在于构图。我们在摄影当中使用到的构图是指在拍摄时，选定一个画面，对画面的各个元素进行甄选。将画面的各个元素有意识地安排在篇幅当中，从而使主体更突出，更明显、直观地表现画面的主题。因此，我们尽量选择在对焦前进行画面的构图。在拍摄前，选取一个想要拍摄的主体；然后在确定画面的时候，对画面的干扰元素进行删减，选择合适的机位角度进行拍摄；在按下快门前，要对画面有一个预想，在拍摄完以后，再根据预想的画面与实际拍摄的内容进行比较，这样才能帮助我们更好地学习构图。下面介绍常见的十二种构图法。

1. 九宫格构图

九宫格构图是把被拍摄的主体，放置于九宫格上的四个交叉点，如图 13-12 所示。优点：符合人们的视觉习惯，可以使主体自然成为视觉中心，具有突出主体，并使画面取向均衡的特点。

图 13-12　九宫格构图

2. 三分法构图

三分法构图是把图片分成三等份，可横向划分，也可纵向划分，然后将画面里的水平线置于三等分线上，如图 13-13 所示。优点：构图简洁，视觉舒服。

图 13-13　三分法构图

3. 对称构图

对称构图是画面具有对称性，可以找到一条中位线，这里的对称是指相对对称，也就是说中位线两侧的画面基本一致即可，不需要完全相同，如图 13-14 所示。优点：具有平衡、稳定、相对的特点。

图 13-14　对称构图

4. 三角形构图

三角形构图是以三个视觉中心作为主要位置，或是以一些建筑线条组成的三角，营造出平稳的画面风格，如图 13-15 所示。优点：具有安定、均衡、灵活的特点。

图 13-15　三角形构图

5. 对角线构图

对角线构图是画面中存在一条对角线，被摄主体位于对角线上，如图 13-16 所示。优点：借助线条的汇聚趋势，吸引人的视线，突出主体。

图 13-16　对角线构图

6. 中心点构图

中心点构图是把被摄主体放置于画面中心点,可以最大程度突出这一主体,如图 13-17 所示。优点:简单容易,用于单个主体。

图 13-17　中心点构图

7. 曲线构图

曲线构图是画面中存在一条蜿蜒曲折的线,如图 13-18 所示。优点:具有延长变化的特点,使人看上去有韵律感。

 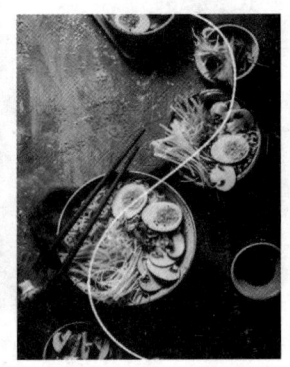

图 13-18　曲线构图

8. 引导线构图

引导线构图是构图时把主体放在引导线上,借助引导线的视觉汇聚作用,突出主体,如图 13-19 所示。优点:增加画面质感。

9. 框架式构图

框架式构图是在画面中人为设置一个框架,被摄主体放置于框架中,如图 13-20 所示。优点:让画面产生由外及内的纵深感,更富有层次。

10. 前景构图

前景构图是拍摄时在主体前有意识的加一个前景,一般把对焦点放在主体上,如图 13-21 所示。优点:有纵深层次感,前景的虚化更加突出主体,增加神秘感。

图 13-19　引导线构图

图 13-20　框架式构图

图 13-21　前景构图

11. 留白构图

留白构图即摄影减法的经典运用，通过大面积留白来突出照片主体，如图 13-22 所示。优点：更加简约、大气。

图 13-22　留白构图

12. 重复构图

重复构图是重复出现形状或线条，并且保证所有要素都清晰可见，如图 13-23 所示。

优点：加深视觉印象。

图 13-23　重复构图

（三）运镜手法

镜头的运动方式主要有：推、拉、摇、移、升、降、甩、跟。通过有机组合可变化成下述六种运镜方式。

1. 前推运镜

前推，是拍摄经常用到的运镜方式之一。推是指摄像机正面拍摄时通过向前直线移动，使拍摄的景别从大景别向小景别变化的拍摄手法。

2. 后拉运镜

相对于前推，就是后拉，也是拍摄中经常用到的运镜方式之一。拉是指摄像机正面拍摄时通过向后直线移动，使拍摄的景别从小景别向大景别变化的拍摄手法。

3. 前跟运镜

前跟运镜是被摄物向前走、跑，摄像机在其后方以保持距离的方式跟随，被摄物居中于画面之中。

4. 后跟运镜

后跟运镜是被摄物向前走、跑，摄像机在其前方以保持距离的方式倒退跟随，被摄物居中于画面之中。

5. 环绕运镜

环绕运镜是被拍摄主体或背景呈旋转环绕效果的画面，摄像机环绕被摄物主体旋转。这种镜头技巧往往被用来表现人物在旋转中的主观视线或者眩晕感，或者以此来烘托情绪、渲染气氛。

6. 多轴综合运镜

多轴综合运镜是一个镜头中把推、拉、摇、移、升、降、甩、跟等各种运动方式不同程度、有机结合起来的拍摄方式。

【知识补充】

运镜方式

运镜示例

（四）光线运用

1. 用光的六大基本要素

（1）光度是一个应用相当广泛的概念，在摄影中，光度是光源发光强度和光线在物体表面的照度以及物体表面呈现的亮度的总称，如图 13-24 所示。

光源发光强度

光线在物体表面的照度

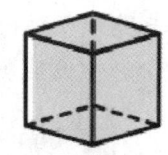
物体表面呈现的亮度

图 13-24　光度

（2）光位是指光源相对于被摄体的位置，即光线的方向与角度。归纳起来主要有正面光、前侧光、侧光、后侧光、逆光、顶光、脚光七种，如图 13-25 所示。

图 13-25　光位

（3）光质指光线聚、散、软、硬的性质。通常所说的硬光和软光以及直射光和散射光就是根据光质来划分的。聚光的特点是来自一种明显的方向，产生的阴影明晰而浓重，如图13-26所示。散光的特点是来自若干方向，产生的阴影柔和而不明晰。

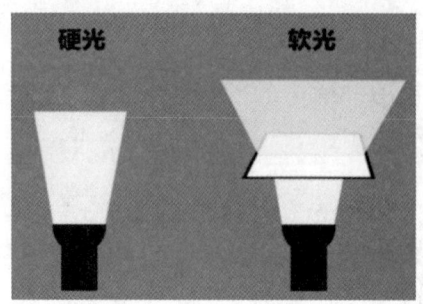

图13-26　光质

（4）光型指各个光线在拍摄时的作用，如图13-27所示，一般分为以下几种：

- 主光：又称塑形光，指用以显示物体、表现质感、塑造形象的主要照明光。
- 辅光：又称补光，用以提高由主光产生的阴影部亮度，揭示阴影部细节，减小影像反差。
- 修饰光：又称装饰光，指对被摄物体的局部添加的强化塑形光线，如眼神光。
- 轮廓光：指勾画被摄物体轮廓的光线，逆光、侧逆光通常都用作轮廓光。
- 背景光：光源位于被摄者背面或侧后方，照射背景的光线增加背景的亮度和层次感，从而突出主体或美化画面。

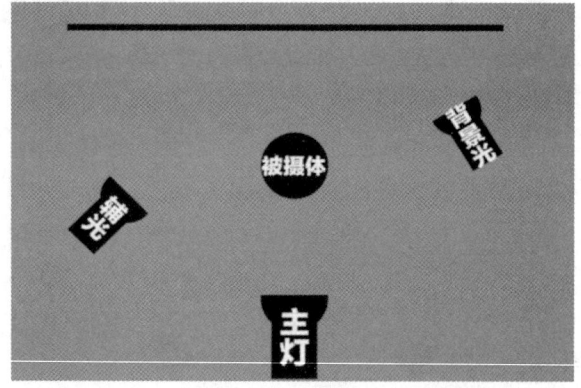

图13-27　光型

（5）光比指被摄体主要部位的亮部与暗部的受光量差别，通常指主光与辅光的差别。

一般情况下，主光和辅光的强弱以及与被摄物体之间的距离决定了光比的大小。如图13-28所示。

（6）光色指光的颜色或者色光成分，也就是我们常说的色温。光色无论在表达上还是技术上都是重要的，光色决定光的冷暖感。当色温越高的时候，光源发出的颜色就越偏冷，大致是红—橙红—黄—黄白—白—蓝白的渐变过程，如图13-29所示。

图 13-28　光比

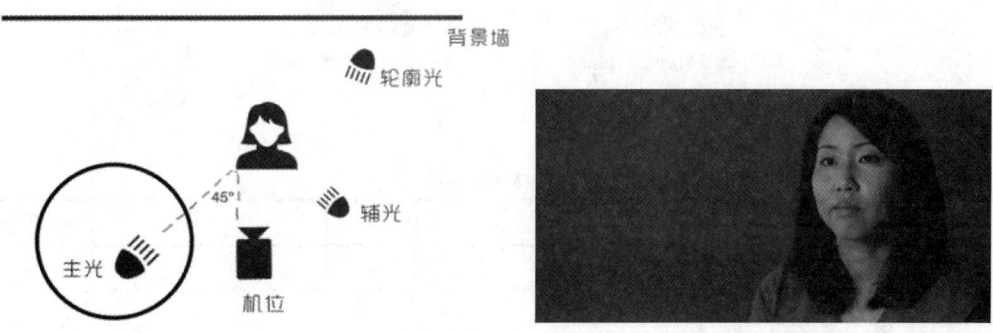

图 13-29　光色

2. 补光技巧

主光的位置通常放置在主体侧前方,并且在主体与摄像机之间连线约 45°~90°的范围内,如图 13-30 所示。

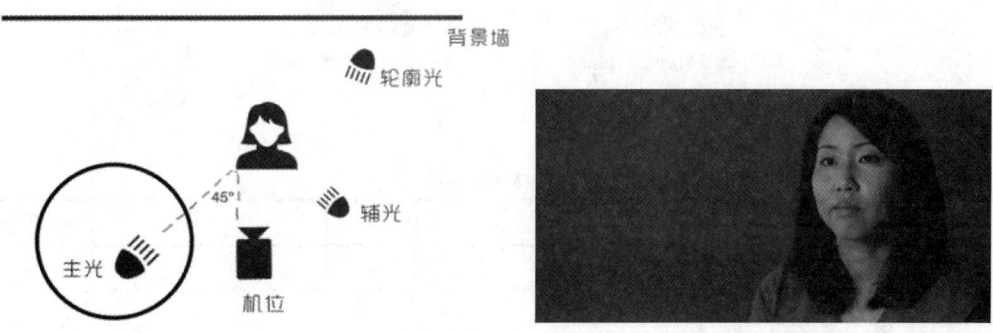

图 13-30　主光

辅光的位置通常位于主体(人物)的另一侧前方,通常也位于主体与摄像机之间连线 45°~90°的位置。辅光的位置不同,在人物脸上呈现的艺术效果和感受也不同,需要和主光合理搭配使用,如图 13-31 所示。

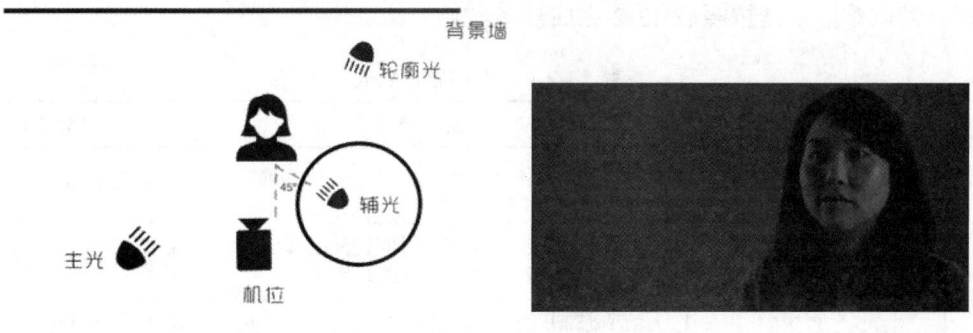

图 13-31　辅光

轮廓光的位置通常位于主体后侧方与主光大致相对的位置，并以略高于主体的高度俯射主体，需要注意的是，轮廓光的强度会影响画面中真实性或艺术性，如图 13-32 所示。

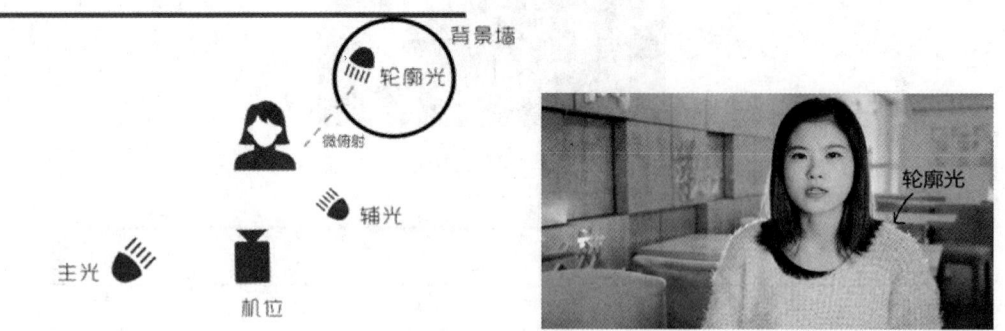

图 13-32　轮廓光

🔔 小提示：扫一扫，完成课前测试及微课：手机四个技巧把食材拍活。

项目十三课前测试（任务一）

手机四个技巧把食材拍活

课前测试评价表如表 13-1 所示。

表 13-1　课前测试评价表

评价内容	达到目标	积分
拍摄基础（15 分）	了解基础拍摄设备	
	熟悉镜头语言	

【课中实操】

一、任务实施计划表

本次任务以拍摄丝苗米素材为最终目标。依照上一个项目的脚本，熟练运用镜头语言呈现画面为重难点。请按照表 13-2 完成任务实施。

表 13-2　任务实施计划表

序号	步骤	方法与技巧	注意事项
1	准备拍摄器材	根据拍摄场景的不同，准备相应拍摄器材，并设置好参数	熟练器材
2	素材收集	依照脚本拍摄，但不限于脚本内容素材，同一场景应采取不同的镜头语言多拍摄	素材要多收集
3	脚本优化	现场所录制的实景素材画面感较好时，同步优化脚本	实景素材与脚本画面一致性

二、实施过程

（一）准备拍摄器材

拍摄丝苗米前，需要准备哪些器材和道具？

_____
_____

🔔 小提示：扫一扫，学习微课：手机镜头下的美食魔法全教程。

手机镜头下的美食魔法全教程（一）　　手机镜头下的美食魔法全教程（二）

（二）素材收集

依照已完成的分镜头脚本，采取相同场景下集中录制的原则，以提高录制效率，并且最大限度让素材画面接近脚本画面。相同场景下，同一主体，应多拍摄素材，减少后期补拍的概率。

🔔 小提示：扫一扫，借鉴视频案例，培养画面感。

（三）脚本优化

素材拍摄完后，统一整理归纳分类存档。依照分镜头脚本，逐一校对素材，最大限度保持素材与脚本内容的一致性。当素材画面感优于脚本内容时，同步优化脚本，以便后期剪辑使用。

丝苗米视频示例

_____
_____

三、课中评价表

课中评价表如表 13-3 所示。

表 13-3　课中评价表

评价项	具体评价内容	达到目标	积分		
			自评	组评	师评
拍摄素材（45分）	设备参数设置	拍摄画面尺寸比例统一			
	素材收集	镜头语言丰富			
职业素养（20分）	1. 能按计划完成工作任务； 2. 态度端正，思维活跃	能以新媒体人身份要求自己，养成良好的专业素养			

企业导师评语：

【课后练习】

【单选题】

1. 短视频拍摄中，辅助打光的设备是（D）。
   A．稳定器　　　　B．三脚架　　　　C．收声筒　　　　D．柔光板
2. 保证拍摄效率和画面统一的做法是（D）。
   A．随便拍　　　　　　　　　　　B．按照镜头顺序拍
   C．按照剧情走向拍　　　　　　　D．先按景别将镜头归类

【多选题】

1. 属于景别分类的有（ABD）。
   A．大远景　　　　B．中景　　　　C．推镜头　　　　D．大特写
2. 在拍摄短视频时，需要考虑的因素有（ABCD）。
   A．光线　　　　　B．摄像机角度　　C．音效　　　　　D．镜头运动

【简答题】

在展示产品细节的时候，用哪些景别合适？为什么？

【任务拓展】

任务描述：请任意选择一种水果，拍摄该水果的短视频。要求时长 30 秒左右，画质清晰，镜头语言丰富。

课后任务评价表如表 13-4 所示。

表 13-4　课后任务评价表

具体评价内容	达到目标	积分
完成水果的素材拍摄（10 分）	提高拍摄效率	
完成课后任务和作业（10 分）	能结合所学知识点完成作业	

任务二　农产品视频剪辑

【学习目标】

知识目标

1. 了解短视频剪辑的基础知识。
2. 了解手机剪辑软件的特点。

能力目标

1. 掌握短视频剪辑的制作流程。

2. 掌握农产品短视频的剪辑思路。

素养目标

1. 增强团队合作精神，通过协作和沟通与他人共同完成剪辑项目，提高工作效率和协同能力。

2. 培养良好的职业道德，包括诚信意识、责任感和尊重他人的原则。

3. 培养创新求实精神，鼓励尝试新的剪辑技巧。

【任务描述】

完成上个拍摄素材任务后，接下来的任务就是后期制作，把内容呈现出来。本任务的重点就是培养剪辑思维，养成良好的剪辑习惯。

【课前导学】

一、视频的基础知识

（一）时长

时长是视频的时间长度，基本单位是秒。若视频为 25 帧/秒，则 25 帧时向前递进 1 秒。

（二）帧

帧是视频的基础单位。视频是连续播放的静态图片，造成人眼的视觉残留，形成动态，这里说的静态图片就是帧。

（三）帧速率

帧速率是每秒播放帧的数量，单位是每秒多少帧，也就是 f/s。帧速率越高，视频越流畅。基本上，每秒 24 帧就很流畅了。不同格式的视频，帧速率不同，如电影 23.98、PAL 25、NTSC 29.97、网络 30 帧速率。

（四）帧尺寸

帧尺寸是帧（视频）的宽和高。宽和高用像素数量表示，一个像素可以理解为一个小方格。比如一段 HD 视频是 1920×1080，就是宽 1920 个像素，高 1080 个像素，那么可以算出 HD 的一帧画面里包含 1920×1080=207 万个像素。帧尺寸越大，视频画面也就越大，像素数也越多。

（五）像素比

像素比是每一个像素的长宽比，所以又叫长宽比。像素的小方格如果是正方形，那么像素比就是 1.0，如果是长方形，通常是 0 和 2 之间的小数。

（六）画面尺寸

画面尺寸是实际显示画面的宽和高。与帧尺寸相关的一个概念，比如一段视频帧尺寸是 1920×1080（1.0），括号内是像素比，我们知道每个像素都是正方形，很容易知道这个视频实际显示出来就是 1920×1080；另一段视频帧尺寸是 1440×1080（1.333），就能够算出宽是 1440×1.333=1920，所以这个视频显示出来也是 1920×1080。有某些播放器不能正确识别视频的像素比，所以会导致某些视频显示变形，为了避免这种情况，通常不会输出类似 1440×1080（1.333）这样的视频，而是直接输出 1920×1080（1.0）。

（七）深度

深度指的是色彩深度。对于普通的 RGB 视频来说，8bit 是最常见的，对应到 pr，RGB 是三个通道，乘上每个通道 8bit，就是最常见的 24bit。32bit 一般是多了一个 alpha 通道，也就是蒙版 Mask。同理可知，12bit 深度在 pr 里对应的是 36bit，16bit 深度对应的是 48bit。

（八）画面比例

画面比例是视频画面实际显示宽和高的比值。就是通常说的 16:9、4:3、2.35:1 等。比如一个 HD 视频，画面尺寸是 1920×1080（1.0），那么他的画面比例就是 1920×1/1080=1.778=16:9。新手会遇到这样的一类问题，就是画面生成之后上下或者左右会出现黑边，这要检查你的原始视频素材的画面比例和导出视频的画面比例是否一致。

二、剪辑工具

（一）电脑端剪辑软件

1. Premiere

Premiere（PR）是一款相当专业的视频编辑软件，广泛应用于电视台、广告制作、电影剪辑等领域。优点：功能强大，操作便利，特效丰富。缺点：对硬件配置需求较高，导出文件大，而且导出时间长。PR 主界面如图 13-33 所示。

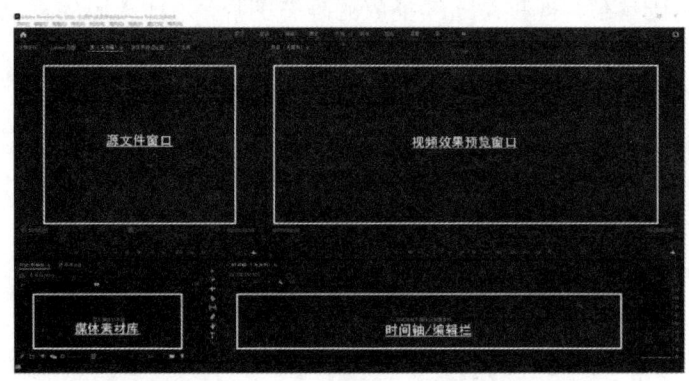

图 13-33　PR 主界面

2. 剪映专业版

剪映专业版是一款抖音生态内的视频剪辑软件，具有海量素材，满足各类创作需求，广泛应用于自媒体、电影剪辑等领域。优点：素材丰富，功能全面易用，具备强大 AI 工具。缺点：导出文件过大。剪映桌面版界面如图 13-34 所示。

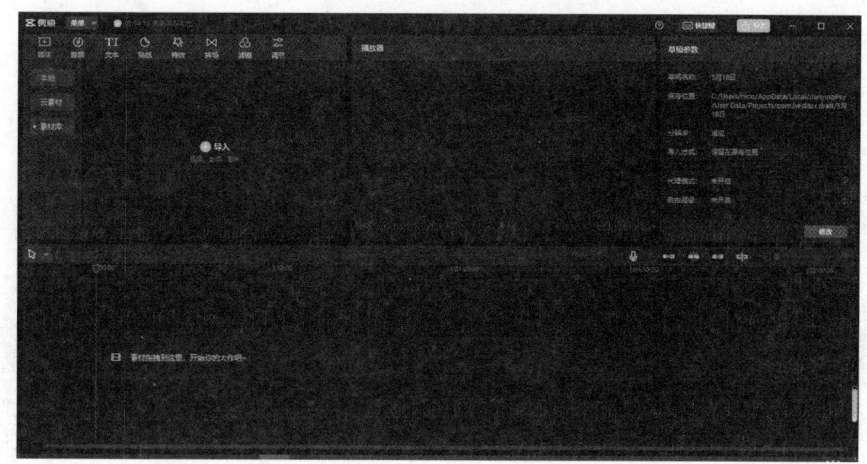

图 13-34　剪映桌面版界面

（二）移动端剪辑工具

以剪映为例，剪映 APP 功能全面、素材丰富、简单易用。支持批量导入多个视频或图片，自带多种转场特效，并可一键成片直接发布抖音平台。剪映 APP 界面如图 13-35 所示。

图 13-35　剪映 APP 界面

【知识补充】

知识拓展：关键帧常用玩法。

关键帧常用玩法（一）

关键帧常用玩法（二）

(三)剪辑思维

1. 理解剪辑

剪辑,是成片前的最后一步,也是关键一步。通常带着编导思维去剪辑,承前启后。一个作品通常会经历五个步骤,如图 13-36 所示。

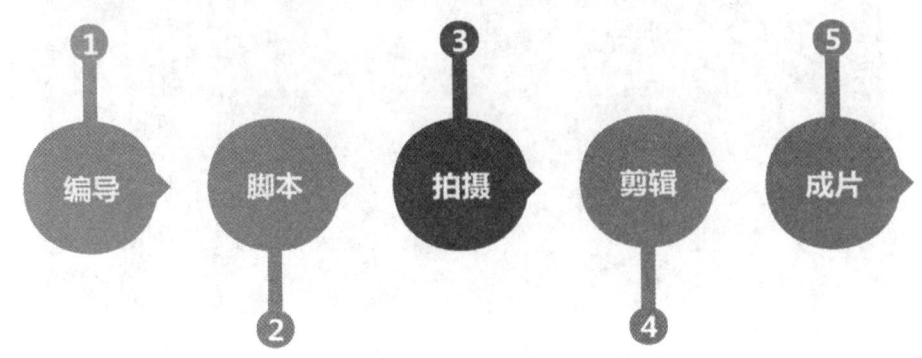

图 13-36　拍摄的五个步骤

特别注意一点,开始剪辑时,一定要对故事框架熟悉,所以必须对脚本有一个整体的画面预览。一般剪辑时的工作流程如下:

(1)素材整理。如果素材量比较大,不是同一时间点拍摄的,按照时间节点进行分类。然后根据不同的场景进行分类,这样能够大大提高后期工作效率。

(2)阅读素材。根据优化定稿后的脚本,大致熟悉脚本的内容,然后快速阅读素材,形成一个初步的故事画面感,感受画面的节奏和风格,理解要表达的情绪和主题。

(3)BGM(背景音乐)剪辑。通常脚本都会包含指定背景音乐的,但也出现经常换的情况,甚至出现两段以上的背景音乐。遇到这种情况,以画面的节奏和风格为选择音乐标准,音乐衔接处采取淡出淡入方式。

(4)剪辑关键节点。片头、片尾、高潮点是一个作品的三个关键节点。只要把这三个节点剪辑好,后面的剪辑画面就会衔接自然,丝滑流畅。

(5)填充素材。根据脚本的场景画面,初步把对应的素材填充上去。

(6)细剪慢调。利用转场和特效技巧,对每一个素材进行剪辑衔接,其中还包括调色、调速、音效、分割、静音等工作。

(7)添加字幕。这个步骤一定要放在最后。而且添加字幕之前,要把作品导出备份一个没有字幕的片子,以备后面修改使用。

2. 剪辑结构

通常情况下,拍摄 VLOG、旅拍、宣传片、纪录片等,都可以利用以下 5 种形式:

①音乐+唯美画面或摆拍镜头。作用:展示视觉,表现氛围。

②音乐+日常镜头(对话镜头)。作用:陈述事件,建立人设。

③独白(旁白)+画面+音乐。作用:表达自己的内心情绪和观点。

④文字+音乐。作用:补充画面信息,让观众产生思考,同时代入情绪。

⑤画面+音效。作用：产生身临其境的感觉，丰富听觉。

🔔 小提示：扫一扫，学习五种画面形式。

画面形式 1　　画面形式 2　　画面形式 3　　画面形式 4　　画面形式 5

视频和文章一样，同样具有段落结构。把以上 5 种形式的片段有机组合，形成两段式、三段式、四段式的片子，这样的视频就会既有内容又有观点，并且有可看的视觉性画面。

两段式：①+②，①+③，②+④（适合 2 分钟以内的片子）。

三段式：①+②+③，④+②+③，⑤+①+③，⑤+②+③（适合 5 分钟以内的片子）。

四段式：①+②+③+④，④+②+③+①，⑤+①+③+④，⑤+②+③+④（适合 10 分钟以内的片子）。

以上结构是经常用到的万能结构，但不是仅仅限定，可根据内容的创作需求和镜头的跳接效果组合不同片子风格的结构。

🔔 小提示：扫一扫，完成课前测试及学习微课：秒懂 6 招剪辑手法。

项目十三课前测试（任务二）　　　　秒懂 6 招剪辑手法

课前测试评价表如表 13-5 所示。

表 13-5　课前测试评价表

评价内容	达到目标	积分
剪辑基础（15 分）	了解剪辑工具	
	熟悉剪辑步骤	

【课中实操】

一、任务实施计划表

本次任务主要是完成对丝苗米拍摄素材的剪辑成片为最终目标。剪辑开始前，要结合上一个项目拍摄任务的成果，准备好素材和优化后的脚本。请按照表 13-6 完成任务实施。

表 13-6　任务实施计划表

序号	步骤	方法与技巧	注意事项
1	导入素材	熟悉使用剪辑工具，熟读制作好的脚本，导入选好的背景音乐和素材，初步形成画面	可初步导入背景音乐和片头试看，寻找感觉

续表

序号	步骤	方法与技巧	注意事项
2	粗剪精剪素材	可选用两段式、三段式组织，调整好镜头片段的节奏、文字、配音、转场、滤镜等	不要脱离脚本内容
3	审片导出	对照脚本审片，通过后添加字幕导出成片	字幕要最后添加

二、实施过程

（一）导入素材

把拍摄丝苗米的素材片段按照脚本先导入前面两段，并导入背景音乐。试着感觉画面和音乐的匹配度。总的来说，就是选镜头、看情绪。

小提示：扫一扫，学习微课：AI 即创轻松制作高质量内容。

AI 即创轻松制作高质量内容

（二）粗剪精剪

粗剪精剪是一个繁琐的步骤。但如果有完整的脚本和结构，剪辑工作就会事半功倍。在粗剪阶段，首先整理和评估拍摄的原始素材，然后在时间线上标记重要的镜头和关键点。接着，根据大致的故事结构进行初步剪辑和排列，以形成一个基本的视频。这个阶段虽然不涉及细致的特效和音频处理，但它为后续的精剪和优化提供了一个重要的基础。

在精剪阶段，通过对视频结构加深理解后，对素材进行镜头整理、调整结构、二次构图、剪辑音乐等工作。精剪并不是一遍就能完成的，需要反复剪辑调整，才能剪出满意的作品。

（三）审片导出

剪辑完成后，进行审片，确认无误后即添加字幕导出成片。导出时，根据需求选择合适的视频和音频格式，调整视频分辨率、码率、帧率等参数。

三、课中评价表

课中评价表如图 13-7 所示。

表 13-7　课中评价表

评价项	具体评价内容	达到目标	积分		
			自评	组评	师评
剪辑素材 （45 分）	导入素材	素材排序符合脚本设计			
	剪辑结构	把握故事节奏，画面过渡自然			
职业素养 （20 分）	1. 能按计划完成工作任务 2. 态度端正，思维活跃	能以新媒体人身份要求自己，养成良好的专业素养			

企业导师评语：

【课后练习】

【单选题】

1. 常用的手机剪辑软件是（C）。
   A．直播姬　　　B．PR　　　　C．剪映　　　　D．PS
2. 在剪辑前，应该先准备（A）。
   A．分类好的拍摄素材　　　　B．拍摄好的视频素材
   C．准备拍摄设备，边拍摄边剪辑　　D．不用准备

【多选题】

1. 视频剪辑软件有（ABC）。
   A．达·芬奇　　B．PR　　　　C．Finalcut　　D．FL Studio
2. 短视频剪辑中常用的调色工具有（ABCD）。
   A．色阶　　　　B．饱和度　　　C．曝光　　　　D．对比度

【简答题】

你认为现场拍摄时的同期声对后期制作有帮助吗？为什么？

【任务拓展】

任务描述：请下载以下素材包，视频主题自拟，动手练习剪辑作品。

小提示：扫一扫，下载练习素材包。

课后任务评价表如表 13-8 所示。

剪辑素材包

表 13-8　课后任务评价表

具体评价内容	达到目标	积分
完成素材包的剪辑练习（10 分）	熟练剪辑流程	
完成课后任务和作业（10 分）	能结合所学知识点完成作业	

项目十四　短视频编辑发布

📢 项目分析

该项目是一个全面和实用的指导方案，主要聚焦于如何在抖音平台上成功编辑和发布短视频以增加曝光量。它涵盖了从抖音视频审核机制到封面设计和标题优化等多个关键环节，还提供了具体的实施计划和课后任务，旨在通过系统性的培训和实践来提高学生短视频的编辑发布的能力。

任务　作品编辑发布

【学习目标】

知识目标
1. 了解抖音的审核机制流程。
2. 掌握作品发布时需注意的各种事项。
3. 掌握短视频封面设计的常见形式和其重要性。

能力目标
1. 熟练掌握视频作品从制作到发布的完整流程。
2. 掌握制作短视频的标题、标签、封面和内容介绍。

素养目标
1. 培养创新意识和创新精神，以适应不断变化的社会需求。
2. 运用理论和实践相结合的学习方法，以便在实际操作中能够灵活应用。
3. 树立实事求是、求真务实的工作态度。

【任务描述】

完成上一个项目任务后，最后一步就是实现作品的成功发布。如何增加曝光量，是本次任务的学习重点。了解抖音平台特性，抓住流量密码。

【课前导学】

一、抖音视频审核机制流程

图 14-1 所示是抖音平台第一次内容审核的流程。

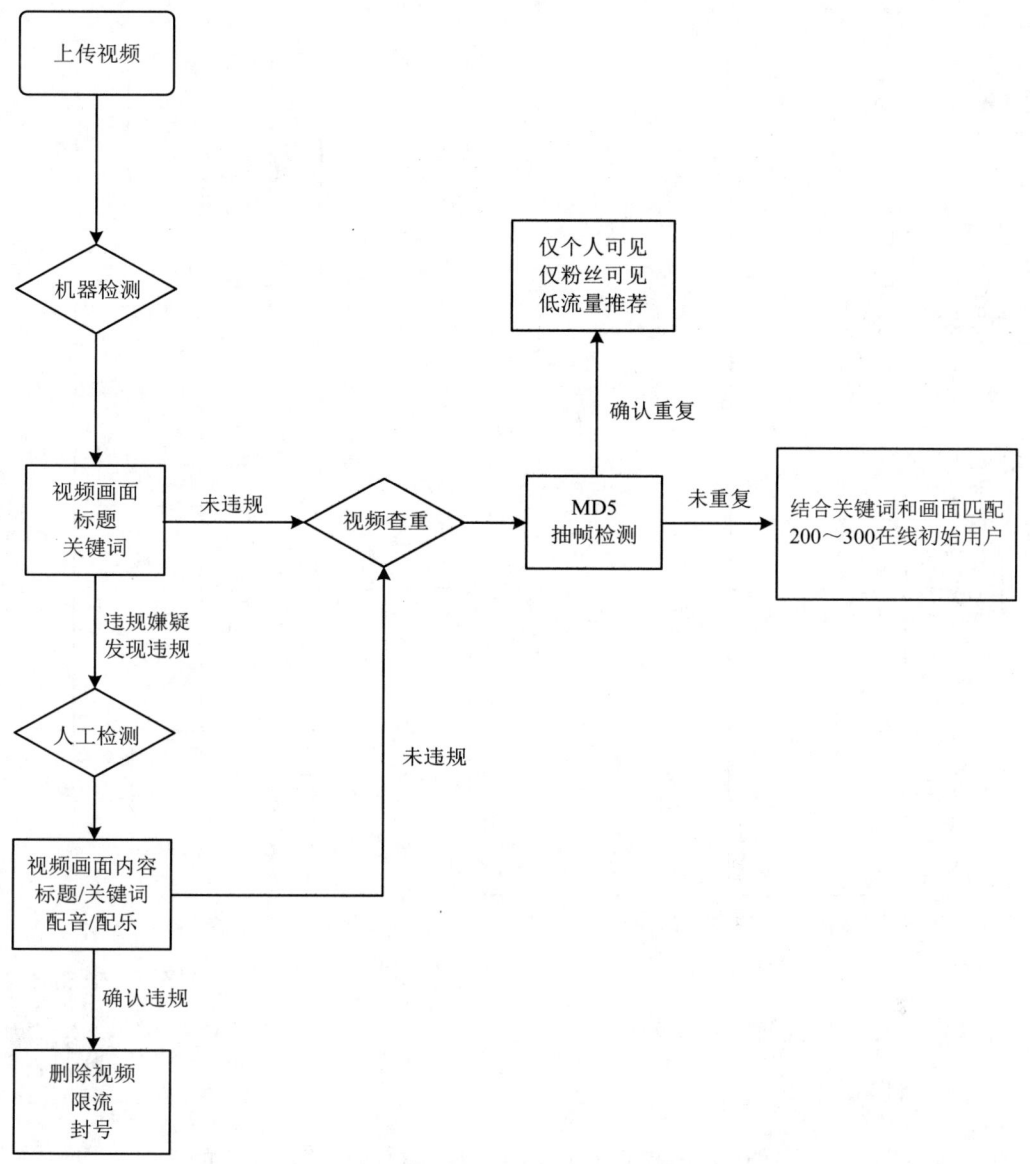

图 14-1　第一次审核流程

发布作品后,抖音审核平台会对作品内容是否违规和画面查重进行检测,作品成功通过审核后才会得到初始的播放量。然后根据用户的反馈,进行第二次审核及推荐,如图 14-2 所示。

经过第一次获取自然流量推荐后,平台会根据用户反馈的数据好坏进行第二次审核推荐。具体数据指标包括完播率、点赞率、评论率、转发率等。如果机器审核筛选出疑似违规作品,抖音工作人员会进行人工细致审核,如果确定违规,抖音账号会被进行删除视频、降权通告、封禁账号等处罚。

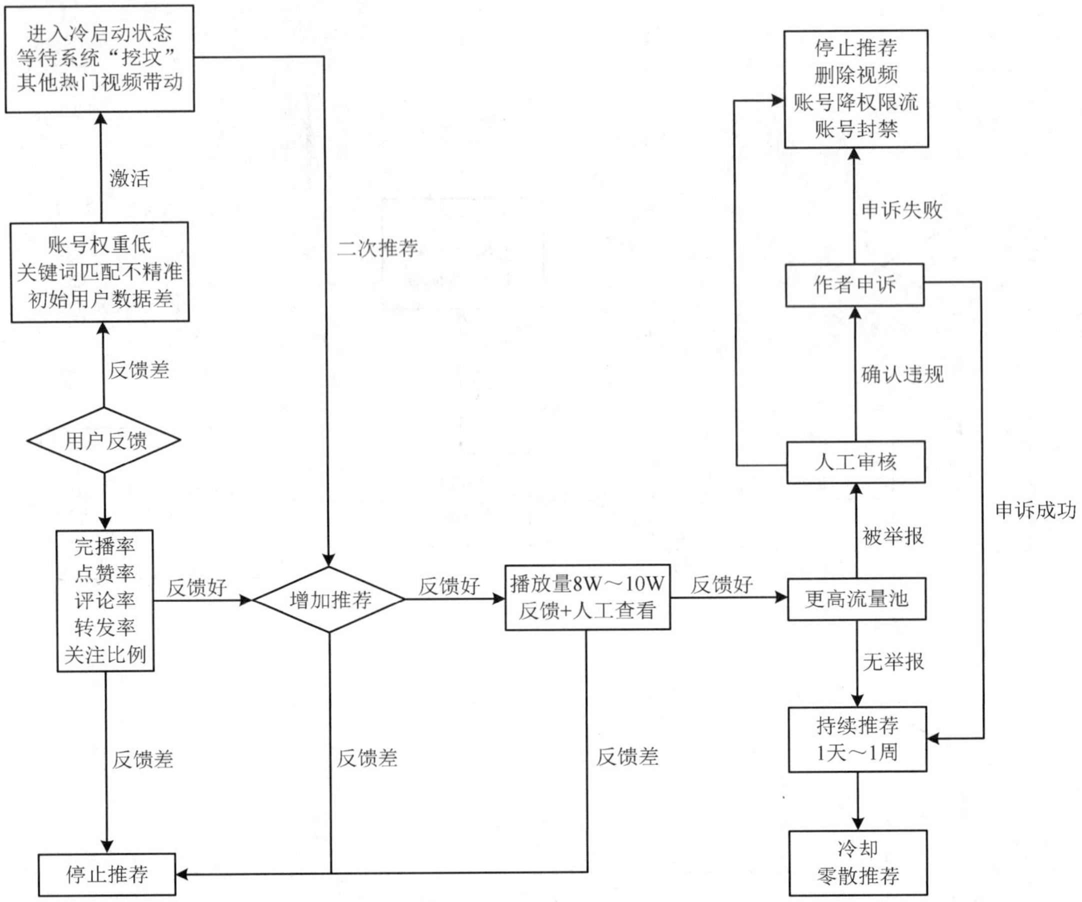

图 14-2　第二次审核流程

【知识补充】抖音社区自律公约。

抖音社区自律公约

二、视频封面

据相关统计，用户在进入抖音的个人主页之后，封面更"好看"的账号，用户产生二次点击的概率是封面普通账号的五倍以上。以下是爆款视频封面普遍具备的三大特质。

（一）抓住眼球

如何打破惯性视角，快速抓住用户眼球？主要从顺应用户注意力本能、打破用户的机械反应两方面考虑。以下介绍四种封面具体制作方式。

1. 夸张表情

夸张的表情能够传递丰富的情绪信息，更能引起用户的好奇与吐槽，如图 14-3 所示。

2. 制造对比

对比是打破用户机械反应最直接有效的方法。对比效果越大，越容易刺激用户点击，如图 14-4 所示。

图 14-3　夸张表情

3. 引发好奇

好奇心是人类的一种本能。在好奇心的驱动下，用户的情绪反应是欢欣、期待、快乐的，这样能提升用户进一步行动的动力，如图 14-5 所示。

图 14-4　制作对比

图 14-5　引发好奇

4. 戏剧性

戏剧性是把人物的内心活动（思想、感情、意志及其他心理因素）通过外部动作、台词、表情等直观外现出来，直接诉诸观众的感官，如图 14-6 所示。

（二）传递价值

传递价值，是爆款封面的核心特质之一。一方面，便于用户了解每个视频的核心价值；另一方面，便于每一个进入抖音个人主页的用户，能够快速查阅，获取对自己有价值的视频内容，如图 14-7 所示。

图 14-6 戏剧性

图 14-7 传递价值

（三）彰显特质

通过封面，把短视频中最出彩、最能体现特质的画面截取出来并且持续输出，能够让用户形成"记忆点"，如图 14-8 所示。

图 14-8 彰显特质

💡 **小提示**：短视频封面基本规范。

抖音可以设置正常平面图和动态图两种封面。封面设置的一般原则：文字一定要大，不低于 24 号字，最好不要超过 30 个字符；居中；封面设置停留 1~2 秒；封面尺寸：竖版为 1080×1920，横版为 1920×1080。

三、标题拟定与优化方法

（一）悬念式

悬念式是通过间接的方式，激发目标用户好奇心，具体内容留在视频中讲清楚。

《O 型血！是 O 型血的人都经历过》

《在路上遇到美女司机开雨刮，然后……》

《16 岁小天才，考上大学后竟然会……》

（二）对比式

对比就是利用人的认知心理，把事物、现象等放在一起比较。目的是突出事物本质特征，制造出冲突性看点。对比的差异越大，越吸引人。

1. 时间对比

《从小学到大学只用了 8 年，他到底经历了什么？》

2. 境遇对比

《拼多多薅羊毛背后的羊毛党：有人一晚薅套房，有人被判无期后改 5 年》

3. 立场对比

《细数各种老板和打工人，最后一个太让人意外！》

（三）总分/分总式

总分/分总式能够增强标题节奏感、让亮点更清晰。

1. 总分式

《又一共享单车老板跑路！从创业明星到被骂骗子欠 200 万押金》

《忽必烈灭宋的秘密部队不给钱、不给粮，却因一政策让士兵卖命打仗》

2. 分总式

《涨粉、互动、引流！这才是运营人最重要的运营动作》

《公司倒闭、高管离职、欠款坏账……服务机器人玩家连环爆雷！》

（四）挑战式

挑战式是通过挑战用户的常识，激发他们的好奇心、好胜心。

《他是抖音"最没用"的网红，却治好了 300 万人的焦虑》

《荣光换发！下课后的穆里尼奥拿完 1500 万违约金仿佛年轻了 10 岁》

（五）启发激励式

这一类标题的目的，是要做读者的良师益友。通过启发式的提问、点拨，激发起观看用户的共鸣

1. 启发回答

《细数天蝎座的死党和天敌，最后一个太让人意外！》

2．勾起回忆

《开学季将至,幼儿园门口又要出现这样的场景了,你有经历过吗?》

3．激发想象

《为了金钱而战的雇佣兵,每天的薪酬是多少?》

(六) 擅用数字

在这几个标题中,你最先看到的一定是数字。这是因为数字的表达方式不同于汉字,大脑会优先识别出来。

《朋友圈这 8 种人都是骗子,你居然不知道》

《冬大衣免洗清洁法,5 招告别顽固污渍》

《这 10 个代表未来的突破性技术,你知道几个》

《日本 8m^2 奇葩户型,重新刷新了胶囊房的定义》

《13 条健康饮食的传统建议》

(七) 关键词

关键词是一个标题最能吸引眼球的要点,一般来说关键词越多、越垂直,越能吸引用户关注。具体应用有两个方式:一是增加关键词,二是普通词升级。

1．增加关键词

有一些关键词是自带流量的,比如名人、热点话题,在标题中可以适当添加进去。

普通:《程序员必看的十本好书》

进阶:《马化腾、张小龙推荐程序员看的十本好书》

2．普通词升级

把那些不够吸引人、不够突出的词升级一下,变得更吸引人。

比如一个人是不知名高校的老师,但有 500 强公司聘请他讲过管理课,咨询过一些问题。那就可以把"某某高校教师"升级成"500 强特聘管理顾问"。

> 小提示:标题注意要点。

通俗易懂:避免出现太专业、冷门、生僻的词汇。

标题字数不要太多:建议标题文案 15~20 字为宜,最多不超过 55 个字,展现在手机上面就是 1 行至 2 行半。

加入热门话题标签、艾特好友或者官方小助手。

适当口语化表达:避免过多的书面语、官方语言。口语或方言有时更接地气,能够引入更多本地流量。

> 小提示:扫一扫,完成课前测试。

课前测试评价表如表 14-1 所示。

项目十四课前测试

表 14-1　课前测试评价表

评价内容	达到目标	积分
短视频发布(15 分)	视频封面优化以提高吸引力	
	视频标题与封面相得益彰	

【课中实操】

一、任务实施计划表

本次任务是在抖音平台上,对农产品的短视频编辑发布。请按照表 14-2 完成任务实施。

表 14-2 任务实施计划表

序号	步骤	方法与技巧	注意事项
1	标题拟定	根据知识储备的知识点灵活运用	字数不要过多,加话题标签
2	封面设计	根据知识储备,在视频片段截取或者另外设计封面	建议用竖屏
3	发布作品	在抖音平台发布作品	

二、实施过程

(一)标题拟定

利用悬念式和数字,拟定农产品短视频的标题。

_____

_____

根据农产品视频内容主题,拟定一个标题,并说出标题有哪些特点?

_____

(二)封面设计

根据知识储备的知识点,利用 Photoshop 工具(或醒图 APP)设计一个视频封面。

(三)发布作品

打开抖音 APP,直接点"+"上传本地视频,填写标题及话题,选择合适的背景音乐,发布作品,如图 14-9 所示。

图 14-9 发布作品

三、课中评价表

课中评价表如表 14-3 所示。

表 14-3 课中评价表

评价项	具体评价内容	达到目标	积分		
			自评	组评	师评
作品编辑发布（45 分）	视频封面	画面清晰，具有吸引力			
	视频标题	具备正确价值观，吸引力			
职业素养（20 分）	1. 能按计划完成工作任务 2. 态度端正，思维活跃	能以新媒体人身份要求自己，养成良好的专业素养			

企业导师评语：

【课后练习】

【单选题】

1. 抖音短视频编辑发布，视频尺寸最好比例是（B）。
   A．16:9　　　　　　　　　　　B．9:16
   C．1:1　　　　　　　　　　　　D．4:3
2. 不是发布视频注意要点的是（D）。
   A．标题　　　　　　　　　　　B．文案
   C．视频封面　　　　　　　　　D．发布终端

【多选题】

1. 在抖音平台发布短视频需要注意的格式要求有（ABD）。
   A．视频格式为 MP4　　　　　　B．视频分辨率为 720P 或以上
   C．视频长度最长为 60 秒　　　　D．视频大小不超过 500MB
2. 在抖音上发布短视频时需要注意（ABCD）。
   A．需要添加有关主题的话题标签　B．标题需要有吸引人的内容
   C．短视频需要添加相关音乐　　　D．需要设置视频的封面

【简答题】

短视频使用竖版还是横版，哪一种更加合适？为什么？

【任务拓展】

任务描述：请以本项目任务为例，为视频作品设计两个不同的标题与封面，并在抖音平台发布，观察两个作品发布后的数据。

课后任务评价表如表 14-4 所示。

表 14-4 课后任务评价表

具体评价内容	达到目标	积分
完成视频作品的发布（10分）	标题与封面富有吸引力	
完成课后任务和作业（10分）	能结合所学知识点完成作业	

项目十五　短视频营销推广

项目分析

该项目旨在通过在抖音平台实施多种引流和截流策略帮助新账号在初期阶段有效获取精准流量，通过优化个人主页、利用私信和评论区引流、参与直播间互动、使用DOU+付费推广来增加账号曝光度和用户关注度。同时，该项目还涵盖了站外引流渠道，如微信朋友圈和微信公众号，进一步增强引流效果，提升整体营销推广能力。

任务　精准用户引流截流

【学习目标】

知识目标
1. 了解什么是引流。
2. 了解抖音常见的引流方式。

能力目标
1. 能够运用引流截流技巧来吸引和留住潜在客户。
2. 能够找到并学习对标账号，提高自己的内容质量和吸引力。

素养目标
1. 培养有效的营销推广策略，以提高自身在抖音上的影响力和可见性。
2. 树立正确的价值观，积极传播正能量，倡导社交媒体上的良好信息传播。
3. 培养实事求是、务实的工作态度，注重数据分析和实际效果，不断提高工作质量。

【任务描述】

当视频作品成功发布后，由于账号还处于新号阶段，所获得的基础播放量有限，并且账号标签还不明确，抖音平台不知道推送视频给哪些用户，账号前期的用户流量不精准。如何有效获得精准流量，主动执行引流截流手段，是本次任务的重点。

【课前导学】

一、引流截流技巧

什么是引流？简单地说，就是把其他平台、渠道的流量，引导转化到自己的私域平台上。可以是抖音、微信、公众号、小程序等，是一切有利于你进行无限次触达的平台。引流模型如图15-1所示。

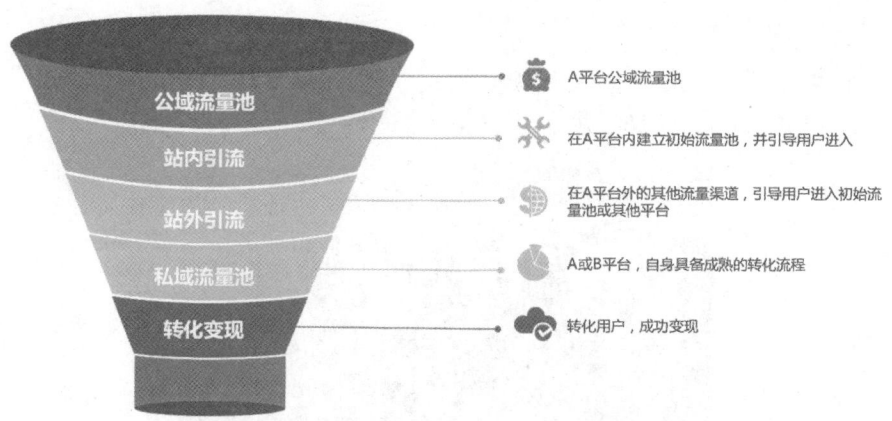

图 15-1　引流模型

🔔 **小提示**：违规的暴力倒流会触发抖音平台的底线，平台不允许站外倒流，严重的可能会被封号。

以抖音平台为例，相比于抖音站内的变现方式，引流到站外的变现，不仅领域更宽，而且对于一些有成熟产品的企业和个人来说，引流带来的收益要远远大于在抖音站内变现。以下是抖音站内引流截流的五种方法。

（一）个人主页

1. 个人主页 Banner 背景图

这个比较常见，可以添加引导性文案和联系方式，敏感词语用谐音的文字代替或小图标。例如，微信可以用 VX、威❤表示，如图 15-2 所示。

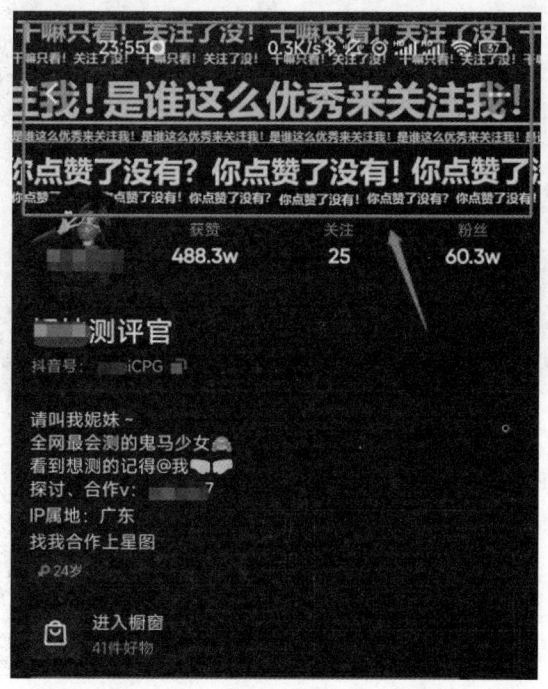

图 15-2　个人主页 Banner 背景图

2. 个人抖音号

每个抖音账号都会分配一个默认的抖音号，可以把这个抖音号修改为微信号，通过表情暗示引导用户联系，如图15-3所示。

图15-3　个人抖音号

3. 签名区

签名区是让用户了解账号的地方，以及如何取得联系，如图15-4所示。

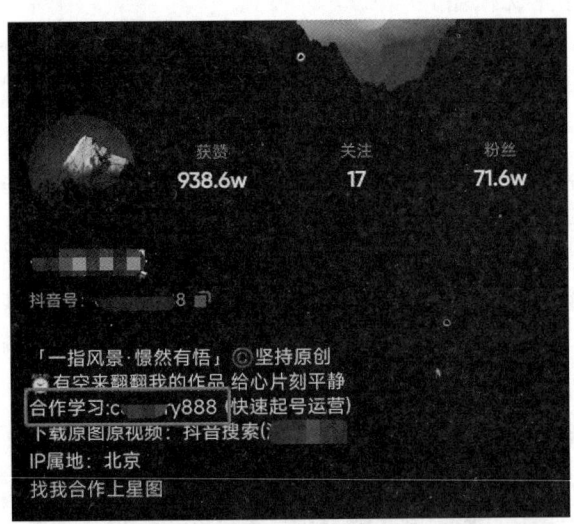

图15-4　签名区

开通企业蓝V账号后，可以直接挂官网、联系电话和地址。

4. 头像与昵称

头像和名字都是可具备营销特性的。有特色的头像和名字，能增强账号IP辨识度和让用户便于传播，如图15-5所示。

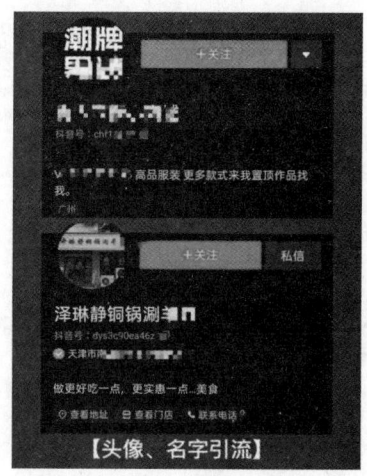

图15-5 头像与昵称

💡 小提示：昵称小窍门。

昵称要么体现垂直领域，要么打造IP，要么二者兼有。因此昵称一般可以选择以下几种形式。

昵称=垂直领域。比如"好物推荐"这个账号，昵称就是垂直领域。

昵称=IP名字。比如"毛毛姐和多余"这个账号，昵称就是IP名字。

昵称=垂直领域+IP名字。比如"虎哥说车"这个账号，领域是"说车"，IP名字是"虎哥"。

注意：昵称一定要简单易懂，让观众一眼就能看得懂账号是做什么的，这样大家才会更容易关注你。如虎哥说车、星座解说、销售大师。

（二）私信引流

抖音上的私信功能也可以有效利用起来，私信可以发文字、图片、视频，甚至是给对方发红包引导关注，如图15-6所示。

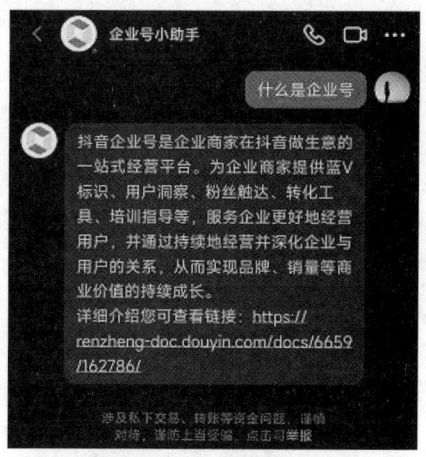

图15-6 私信引流

（三）评论区引流截流

评论区是粉丝互动的主战场，互动除了来自视频内容本身以外，还可以是"神评论"。

可以在自己的视频评论区里置顶自己的评论来提高引流效果,又或者到其他账号评论区留下神评论,进行截流。往往有效的"神评论",点赞量会达到十几万,曝光量可想而知,如图15-7所示。

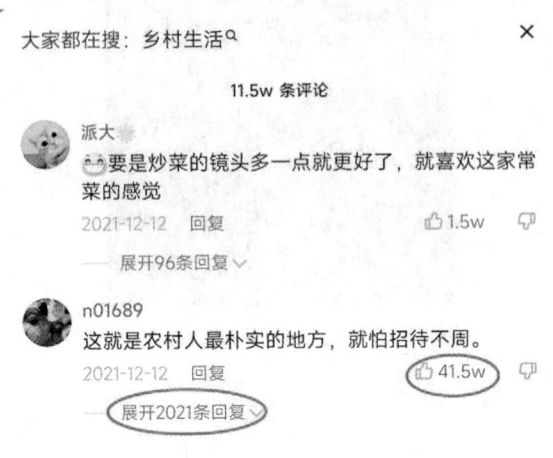

图 15-7　评论区引流截流

(四)直播间引流

这里说的是在别人直播间的流量截流。到对标账号的直播间,观看用户互动和转化的情况。积极互动的用户都是精准流量。

具体的方法有两种:一是在别人直播间里观看用户发言,直接查看积极发言的用户主页,对于有可能转化的用户,可以留下私信;二是在别人直播间通过音浪打榜,把自己置顶,这样一场直播有多少场观,就有多大曝光,如图15-8所示。

图 15-8　直播间引流

（五）DOU+引流

付费推广最大的好处是：高效。

DOU+投放就是一种最快的推广引流方式。DOU+是视频加热工具，购买使用以后，就会将视频推荐给一定数量的用户，如图15-9所示。

图15-9　DOU+引流

🔔 **小提示**：DOU+是一把双刃剑，能把视频最好的内容展现给用户，如果视频本身内容不好，也会最快速度暴露视频的短板，导致如果不投放就没有流量的现象。

二、站外引流渠道

（一）微信朋友圈

相信在众多社交软件中，使用率最高的就是微信了，那么朋友圈自然也成为流量重地。与其他平台相比，朋友圈都是自己熟悉的亲朋好友，传播的范围相对较小，但传播基于一定的信任感，对用户比较容易产生的影响，这一优点是其他平台所不具备的。

（二）微信公众号

微信公众号具有用户基数大、推送精准和阅读量稳定的特点，比较合适品牌形象建设，运营者可以通过长期的短视频内容传播构建自己的品牌。

（三）微博

在微博平台进行短视频流量引流，一定要充分利用微博的@功能引导用户进行话题讨论。微博的@功能主要指在微博短视频内容推送时，要配备一定的软文，在软文中可以使用@功能，如@某人、某明星、某企业等，那么短视频就会得到更多粉丝的关注。

无论是站内引流，还是站外引流，前提都要遵守当前平台的规则。站外引流的技巧类似前面抖音的引流技巧。但需清楚一点，引流是锦上添花，内容才是关键。

项目十五课前测试

🔔 **小提示**：扫一扫，完成课前测试。

课前测试评价表如表15-1所示。

表15-1　课前测试评价表

评价内容	达到目标	积分
引流截流（15分）	熟悉引流技巧，体验引流流程	

【课中实操】

一、任务实施计划表

本次任务是在抖音平台上，用自身账号进行引流操作，以增加用户关注为最终目的。请按照表15-2完成任务实施。

表15-2　任务实施计划表

序号	步骤	方法与技巧	注意事项
1	个人主页装修	针对背景图、签名区、头像、名字等元素去设计	注意抖音平台的规则
2	评论区引流截流	寻找对标账号，到对标账号的评论区进行"神评论"，引导关注	评论用语要注意三观正确
3	直播间引流	在对标账号直播间里观看用户发言，直接查看积极发言的用户主页，对于有可能转化的用户，可以留下私信	私信语言要遵守抖音社区公约
4	微信朋友圈引流	发布去水印的视频，文案附上抖音号	不能出现"抖音"字眼

二、实施过程

（一）个人主页装修

（1）背景图主要是增加粉丝对账号人设、主题的理解。根据知识储备的知识点，利用Photoshop工具（不限工具）设计一个背景图，尺寸为1125×633，并说明设计思路。

（2）头像与昵称能够增加用户记忆点和传播力。根据自身账号特性，设计账号头像和昵称，并说明设计思路。

🔔 小提示：推荐两种形式的头像。

①根据 IP 确定头像，比如，如果定位为个人 IP，头像为个人高清大头照，体现人设个性；如果是宠物 IP，头像为宠物最萌的照片。

②如果不是打造个人 IP 或者其他主题 IP，比如宠物 IP、卡通 IP 等，建议用文字头像。这样更直接，观众看了之后不必费脑去理解。毕竟观看你视频的人可能只停留了几秒，如果刷到你的视频，看到你账号的名字非常显眼，又是自己感兴趣的内容，很自然就会点击关注了，否则他可能一闪而过，关注率就会大大降低。

（二）评论区引流截流

寻找对标账号，到对标账号的评论区进行"神评论"，这样一定程度上增加用户访问账号主页的概率。

🔔 小提示：扫一扫，学习微课：寻找抖音对标账号。

寻找抖音对标账号

（三）直播间引流

找对标账号后，到对标账号直播间里观看用户发言，查看积极发言的用户主页，并二十四小时后查看抖音互动消息，查看被访问过的用户是否回访主页，如图 15-10 所示。

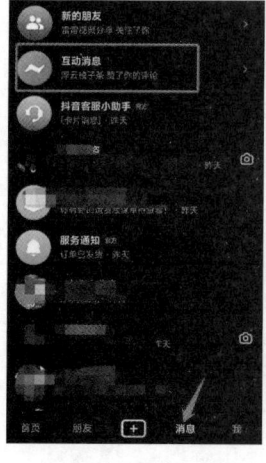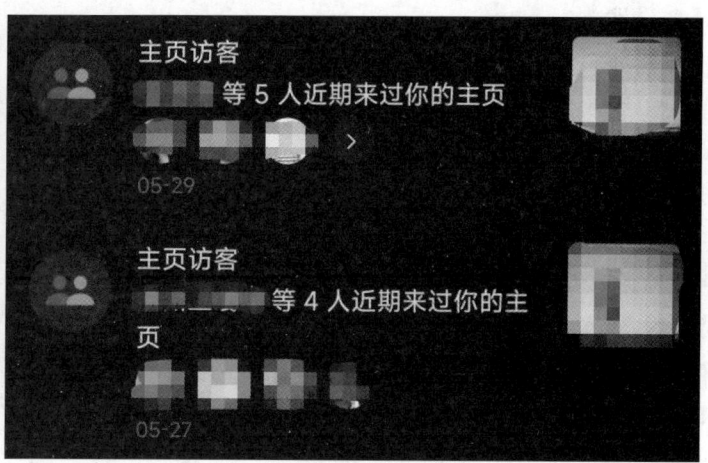

图 15-10　直播间引流

（四）微信朋友圈引流

把已经剪辑好的视频，在微信朋友圈发布并附上引流文案，把用户引流到抖音平台。

三、课中评价表

课中评价表如表 15-3 所示。

表 15-3 课中评价表

评价项	具体评价内容	达到目标	积分		
			自评	组评	师评
引流操作（45分）	个人主页装修	流量入口明确			
	评论区引流截流	能吸引流量到个人主页			
	直播间引流	能吸引流量到个人主页			
	微信朋友圈引流	能吸引流量到个人主页			
职业素养（20分）	1. 能按计划完成工作任务；2. 态度端正，思维活跃	能以新媒体人身份要求自己，养成良好的专业素养			

企业导师评语：

【课后练习】

【单选题】

1. 主打音乐型短视频的推广平台是（B）。
   A. 快手　　　B. 抖音　　　C. 腾讯　　　D. 爱奇艺
2. 抖音平台是不允许的行为是（B）。
   A. 正常评论　　B. 私信骚扰　　C. 空白签名　　D. 评论区狂赞

【多选题】

在抖音平台中，能够助力引流的功能包括（ABCD）。
   A. 利用热点蹭粉　B. 音乐标题引流　C. 热门视频评论　D. Dou+

【简答题】

"神评论"是怎样影响短视频的各项互动数据的？

【任务拓展】

任务描述：请以自身账号为例，到10条爆款视频的评论区留下"神评论"，观察三天内的互动消息。

课后任务评价表如表15-4所示。

表 15-4 课后任务评价表

具体评价内容	达到目标	积分
完成账号的引流操作（10分）	熟悉引流技巧	
完成课后任务和作业（10分）	能结合所学知识点完成作业	

模块六　新媒体直播

🔍 学习情境

增城荔枝以品种多、品质优、口感佳和历史悠久而驰名中外，尤以"增城挂绿"最为珍贵。2012年，"增城挂绿"（桂味、糯米糍、仙进奉、水晶球）被国家质检总局评为国家地理标志产品。每年5月至8月是荔枝上市期，如何通过直播把荔枝带给全国的消费者们？经过本模块的学习，学生将学会如何系统地规划一场带货直播。

📖 知识导图

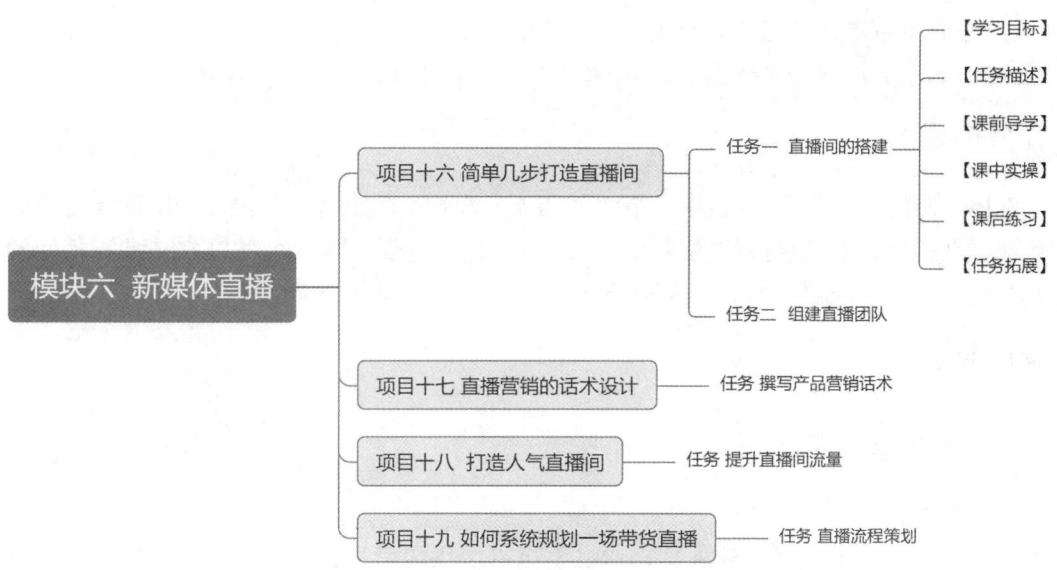

项目十六　简单几步打造直播间

📢 项目分析

本项目精细探讨了直播业务的两个关键环节：直播间的物理搭建和团队的组织建设。深入解析了从设备选择、场地布置到光线安排的直播间搭建技巧，并明确了直播团队中不同角色的职责和协作流程，提供了从理论到实践的全面指南，旨在帮助学生学会专业、高效的直播运营。

任务一　直播间的搭建

【学习目标】

知识目标

1. 了解各种直播间设备的功能和特点。
2. 理解不同直播间场景与其所需的补光类型。

能力目标

1. 能够根据直播内容和预期效果选择合适的直播间设备。
2. 会做直播间的灯光布置，确保画面质量。
3. 能够操作并配置推流软件，确保直播的稳定和流畅。

素养目标

1. 培养实事求是的态度，避免不必要的浪费。
2. 培养专业严谨的工作素养，确保每次直播的品质。

【任务描述】

直播带货三要素为人（主播）、货（产品）、场地（直播间），其中，"场地（直播间）"是基础也是关键，涉及直播间的场景布置和直播设备配置。本次任务以农产品直播间的搭建为主要目标，要求兼顾室内和室外直播，能灵活快速部署设备。

【课前导学】

一、直播设备的选用

（一）手机

主播在手机中安装直播软件后，通过手机摄像头即可进行直播。主播在使用手机直播的过程中，经常需要两部手机交替使用，一部手机用来直播，另外一部手机用来查看用户留言和评论，以便及时与用户互动，如图16-1所示。

图 16-1　双机直播

🔔 **小提示**：手机直播对手机 CPU 和摄像头的性能要求较高，直播手机 CPU 的运行内存应不低于 4GB，摄像头不低于 1200 万像素。目前，市面上 2000 元以上的手机能很好地满足直播的需求。

（二）支架

主播在直播中难以长时间保持手持手机的姿势，且手持时的抖动也会影响用户的观看，因此需配置支架来保证拍摄效果和画面稳定，如图16-2所示。

图 16-2　支架

（三）补光灯

室内直播需要补充自然光时，可以优先选择柔光灯或环形灯来模拟太阳光对拍摄对象进行补光，以掩饰人物的肤色瑕疵，起到美颜效果，如图16-3所示。

（四）移动电源

一场直播的持续时间往往较长，对手机电池电量的需求较高，因此移动电源是直播的必备设备。主播一般可以选择便携的移动充电宝，在手机电池电量下降到50%左右时，便可进行充电，满足后续直播用电。在实际的直播中，主播可对手机满电状态下电量的使用进行测试，了解手机在直播时电池电量维持的时间，以确定是否使用移动充电宝及充电时间，如图 16-4 所示。

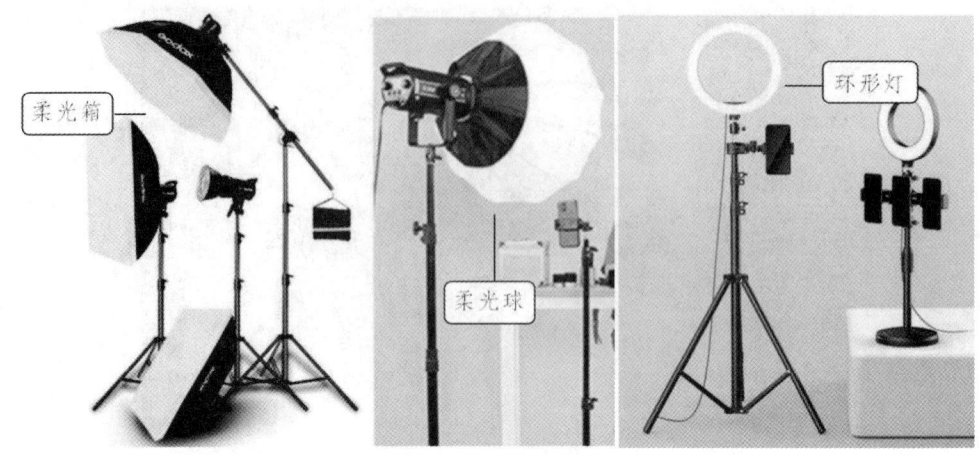

图 16-3　补光灯

图 16-4　移动电源

（五）无线网络

室内直播且连接的设备较少时，大多数的无线网络配置都能满足直播需求。如果是室外直播，当无线网络的信号无法覆盖到直播场地或信号不稳定时，可以使用移动 4G 或 5G 网络。使用移动 4G 或 5G 网络的主播需要选择合适的流量套餐，一般以月租的方式购买无限不限速网络套餐或流量卡，如图 16-5 所示。

图 16-5　无线网络

（六）计算机

计算机可用于手机直播中的数据收集与分析、脚本设计，以及修图、剪辑视频等，也可以用于 PC 直播。如果没有特殊需求（如游戏直播），可以购买目前主流的笔记本电脑。

（七）话筒

手机直播中使用的主流话筒是电容话筒。电容话筒适合在安静的环境下使用，为了防止爆音和杂音，使用时可以为其安装防喷罩。主播购买电容话筒时，可配套购买话筒支架、独立声卡等，如图 16-6 所示。

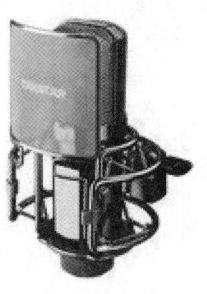

图 16-6　话筒

（八）独立声卡

独立声卡是用于收音和增强声音的设备，它可以解决大多数手机在直播过程中无法同时开启直播软件和音乐播放器软件的问题。使用声卡可以播放背景音乐、伴奏，或掌声、笑声等伴奏。独立声卡与其他设备连接示意如图 16-7 所示。

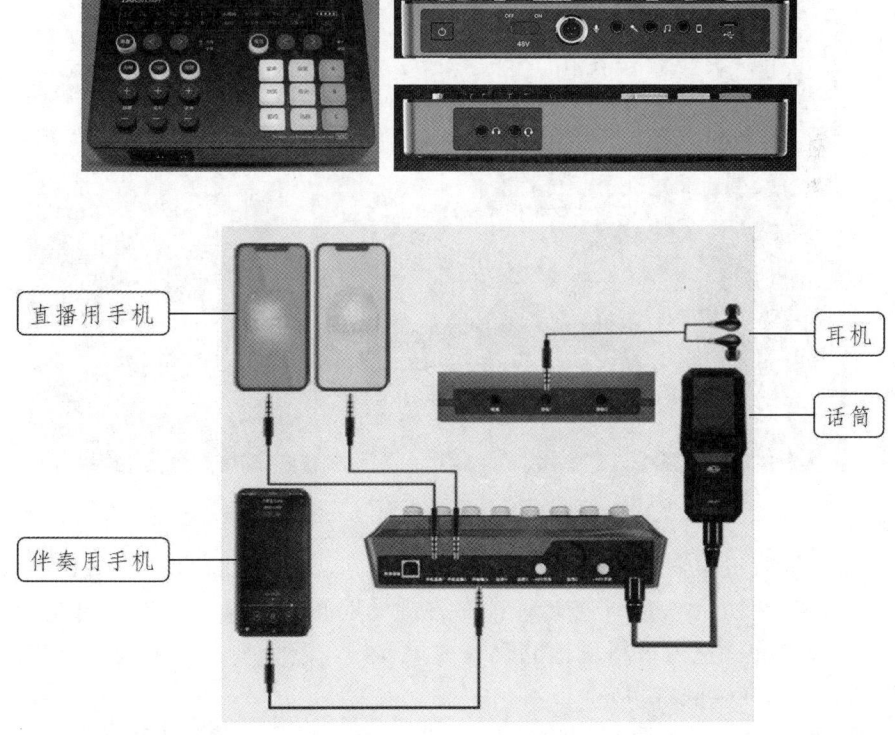

图 16-7　独立声卡与其他设备连接示意

（九）耳机

用于手机直播的耳机有入耳式耳机和头戴式耳机两种类型。入耳式耳机比较小巧美观，多数主播在直播时会选择使用这种耳机。耳机的连接线建议稍长，一般在 2~3 米，以便主播有更大的活动空间，如图 16-8 所示。

图 16-8　入耳式和头戴式耳机

二、直播间的场景布置

（一）室内直播场地的规划

常见的室内直播场地有办公室、会议室、直播室、工作室、线下门店、住所等。如图 16-9 所示，主播在工作室内直播，讲解服装类商品。

图 16-9　在工作室内直播

（1）空间适宜：室内直播场地应空间适宜，场地面积根据直播的内容进行调整，个人主播场地面积一般为 8~15 平方米，团队直播场地面积一般为 20~40 平方米。

（2）环境安静：室内直播场地的隔音效果要好，避免杂音的干扰；有较好的收音效果，避免在直播中产生回音。

（3）光线充足：室内直播场地的自然光要充足，保证直播的真实感和美观度。

（二）室外直播场地的规划

室外直播的类型非常丰富，包括酷玩、乡野、垂钓、旅行、汽车、萌宠等。对电商直播而言，常见的室外直播场地有商品室外产地、室外打包场所、露天集市等，一般适合直播体型较大或规模较大的商品，或用于展示货源采购现场。农产品现场采摘直播画面如图 16-10 所示。

图 16-10　农产品现场采摘直播画面

（1）天气因素：室外直播一般选择晴朗的天气，同时要做好应对下雨、刮风等天气的防范措施。

（2）场地范围：室外直播需要限制室外场地的范围，便于主播将更多的精力放在商品讲解和与用户的互动上。

（3）场地环境：室外场地的环境干净清洁，让用户观看直播时能保持舒适的心情，特别是对画面美观度要求较高的室外直播，更应保证场地的美观度。

（三）直播间的背景

（1）纯色背景：是很简单的一种背景布置方法，颜色一般以浅色为主，常用墙纸或幕布搭建，可以带给用户自然的观看感受。纯色背景常见于服装类直播，如图 16-11 所示。

（2）品牌 Logo 背景：以品牌 Logo 布置直播间的背景，这类背景直观简洁，可以增强品牌效应，适用于多数直播场景，如图 16-12 所示。

（3）商品摆放背景：这类背景布置一般是将商品置于展示柜进行展示，具有较强的营销目的，是十分常见的一种直播间背景布置方式，如图 16-13 所示。

（4）与直播商品匹配的特色背景：这类背景的应用需要挖掘商品的特色，在背景中融入与直播主题或直播商品相关的特色元素，如图 16-14 所示。

图 16-11　纯色背景

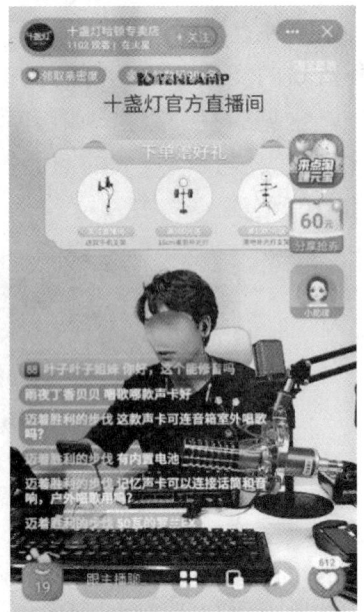

图 16-12　品牌 Logo 背景

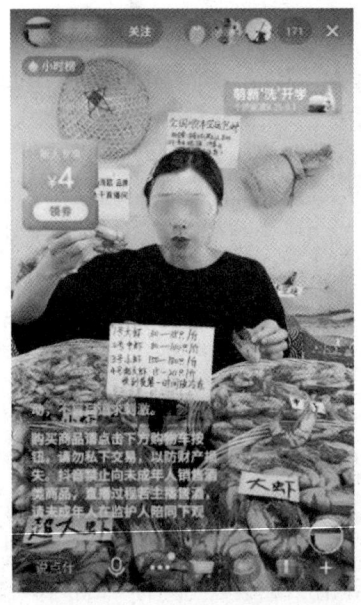

图 16-13　商品摆放背景

图 16-14　与直播商品匹配的特色背景

（四）直播推流软件设置虚拟背景

1. 进入添加素材界面

启动抖音直播伴侣，使用抖音 APP 扫码登录账号，如图 16-15 所示。在抖音直播伴侣主界面单击"添加直播画面"或"添加素材"按钮，直播画面的来源可以是摄像头、计算机桌面或手机的画面。打开"添加素材"对话框，选择"摄像头"选项，如图 16-16 所示。

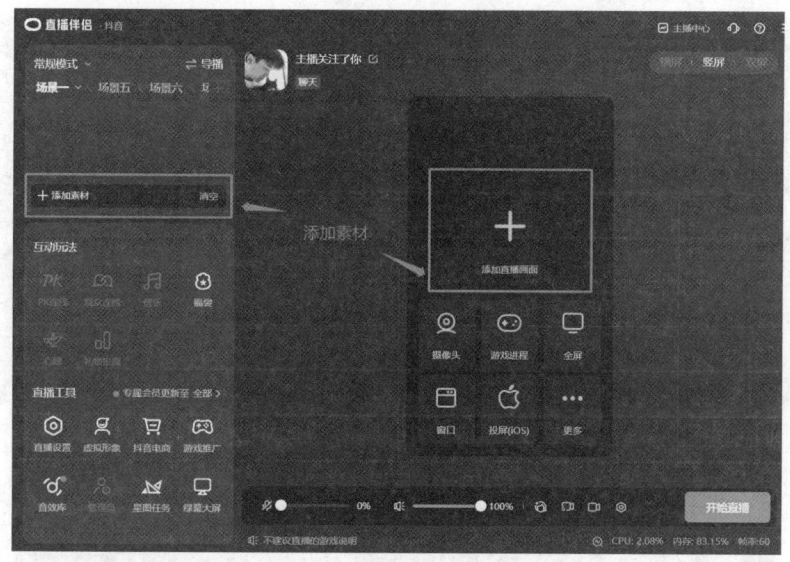

图 16-15 添加直播画面

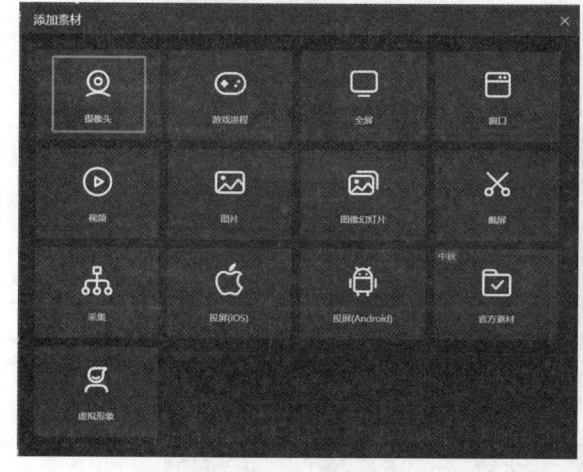
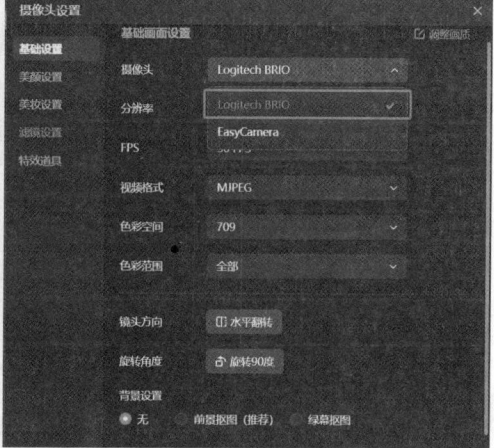

图 16-16 选择"摄像头"

2. 素材基础设置

素材添加成功后可以在中央区域看到捕获的内容,但不是竖屏展示。首先右击素材选择旋转选项,调整素材正确的方向,然后选择"变换"→"等比例缩放"或者"平铺缩放",如图 16-17 所示。

3. 绿幕人像抠图

在左侧面板的摄像头选项上,在弹出的按钮组中单击"设置"按钮,在"背景设置"栏中单击选中"绿幕抠图"单选项,然后进行手动调整,选择绿色色块,拖动"相似度"滑块,直到完全抠除绿幕,如图 16-18 所示。

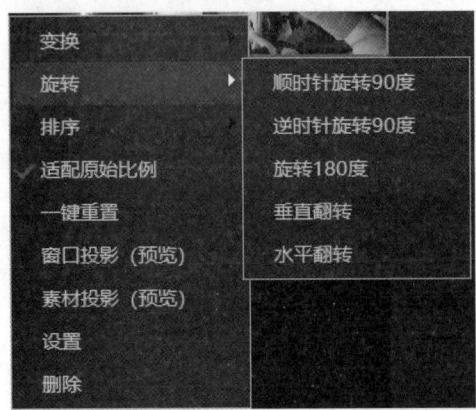 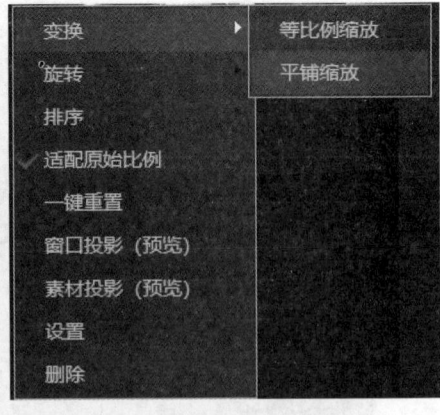

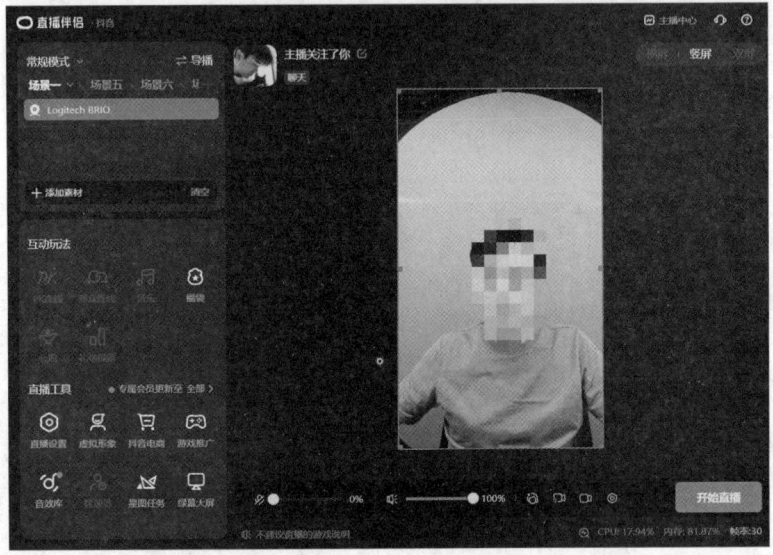

图 16-17　素材基础设置

图 16-18（一）　抠除绿幕的效果

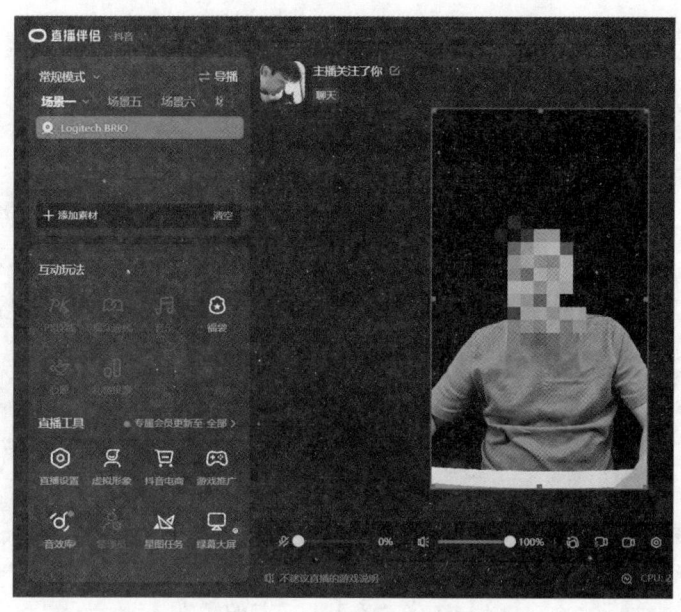

图 16-18（二） 抠除绿幕的效果

4. 设置图片为背景

在左侧面板单击"添加素材"按钮打开"添加素材"对话框，选择"图片"选项。将图片添加到场景后，单击鼠标右键，在弹出的快捷菜单中选择"排序/下移"命令，将该图片设置为直播间的背景图，如图 16-19 所示。

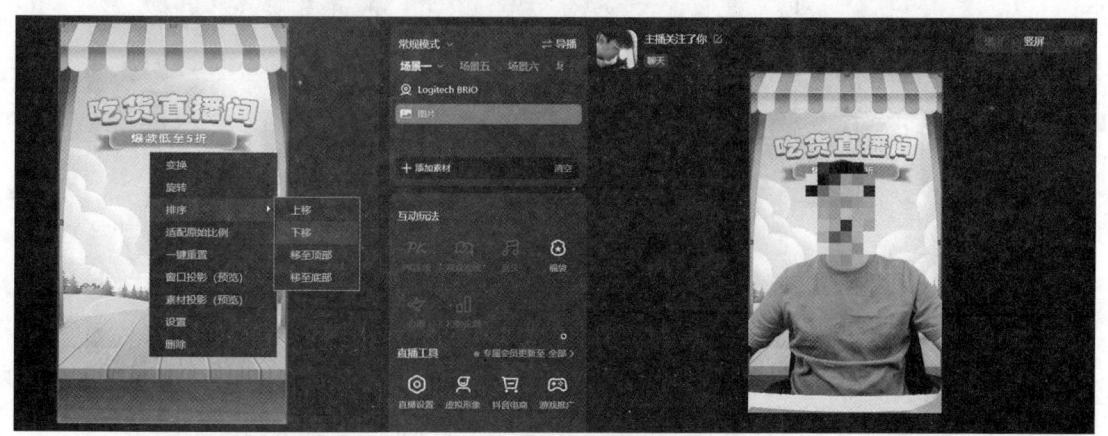

图 16-19 图片设置为背景

🔔 小提示：扫一扫，学习微课：直播伴侣使用指南。

（五）物料的摆放技巧

1. 商品摆放

商品是直播活动中的"主角"之一，小件商品可摆放在主播正对的陈列台或陈列桌上，让用户一进入直播间便可了解商品。针对包装可拆的商品，可以将包装拆开，直观地展示商品的细节。对于稍大件的商品，可以将其陈列在主播

直播伴侣使用指南

身后或两侧。食品和化妆品的摆放如图16-20所示。

图16-20　食品和化妆品的摆放

2. 宣传物料摆放

宣传物料的类型比较丰富，包括黑板、白板，以及电子屏、海报、贴纸、胸卡、气球等一系列用于展示文字、图片信息的道具。黑板、电子屏、海报摆放如图16-21所示。

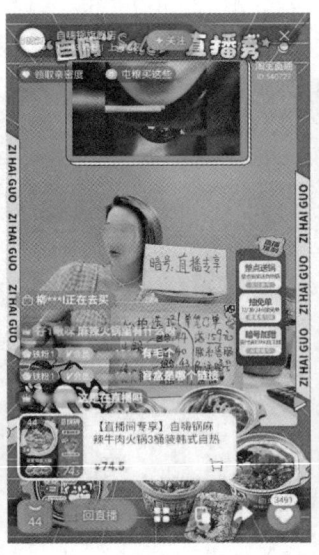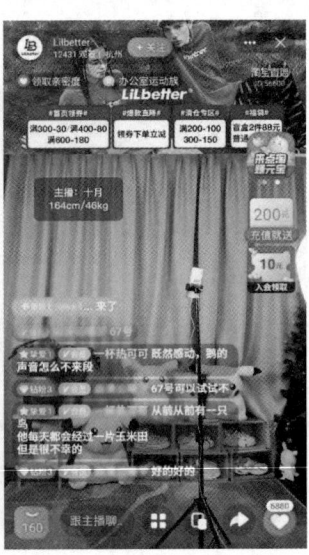

图16-21　黑板、电子屏、海报摆放

3. 饰品摆放

如果直播间空间较大，可以放置一些盆栽、玩偶、壁画等饰品，以丰富直播场景，饰件的选择应与商品特性相匹配。饰品摆放如图16-22所示。

图 16-22　饰品摆放

三、直播间的灯光布置

（一）直播间常用的灯光类型解析

按照灯光的作用，直播间的灯光类型可以分为主光、辅光、顶光和轮廓光等。不同类型的灯光可以搭配同一型号的灯，摆放在不同的位置，调整为不同的亮度、色温等，从而创造出不同的光线效果，如图 16-23 所示。

图 16-23　灯光布置

主光是直播间的基本光源，在直播过程中，主光通常由柔光灯箱发出，这种类型的光线比较均匀，主要用于照亮拍摄对象（人或物品）的轮廓，并突出其主要特征。

辅光也被称为辅助光，其作用是对主光没有照射到的拍摄对象的阴影部分进行光线补充，使用户能够看清楚拍摄对象的全貌。辅光通常可放置在主光两侧。

顶光从主播头顶上方的位置照射，距离主播一般不超过 2 米。顶光可以给背景和地面增加照明，同时有利于突出主播轮廓造型，起到瘦脸的作用。

轮廓光又称侧逆光，通常用于分离人物与人物、人物与背景，以此增强视频画面的空间感。轮廓光通常采用直射光，一般从主播的侧后方进行照射，勾勒出主播清晰且明亮的轮廓形状。

（二）直播间布光方案

1. 三灯方案

三灯方案是设置一个主光和两个辅光，采用 65W 左右的单色温 LED 灯，主光使用环形灯，适用于 10 平方米左右的室内直播场地，个人主播大多可以采用这种布光方案。该方案可用于服装、美妆、珠宝、美食、课程等直播场景，如图 16-24 所示。

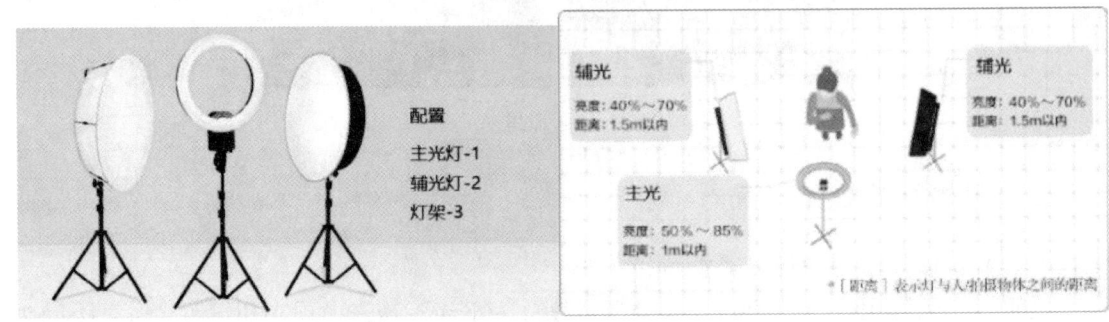

图 16-24 三灯方案的布光配置和位置

2. 四灯方案（方案 1）

一种四灯方案是设置一个主光、两个辅光和一个顶光，都采用 LED 灯，主光使用双色温冷暖 24W 左右的环形补光灯，辅光、顶光都采用双色温 100W 左右的双色温平面补光灯。这种方案适用于 15 平方米以内的室内直播场地，可用于主播动作较小的直播场景，如图 16-25 所示。

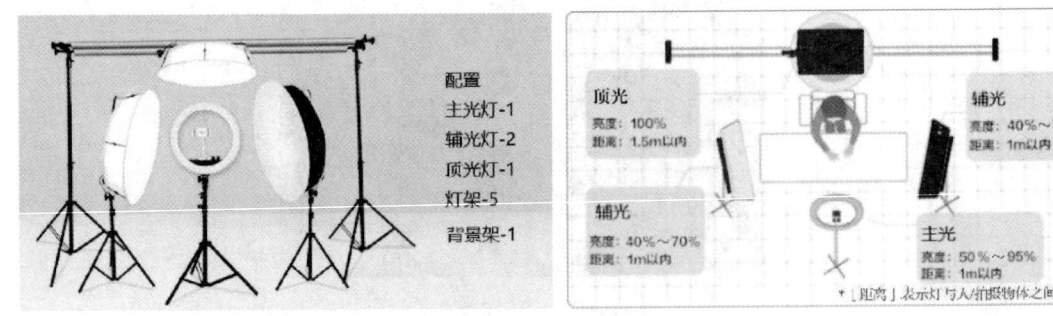

图 16-25 四灯方案 1 的布光配置和位置

3. 四灯方案（方案 2）

另一种四灯方案是设置一个主光、一个辅光、一个轮廓光和一个顶光，都采用 LED 灯，主光采用双色温冷暖 48W 的环形补光灯，辅光和顶光采用双色温 200W 左右的平面补光灯，轮廓光采用可调焦 28W 左右的聚光灯，将顶光灯设置在背景架上。该方案适合 10～20 平方米的室内直播场地，可用于主播动作较小的直播场景，如图 16-26 所示。

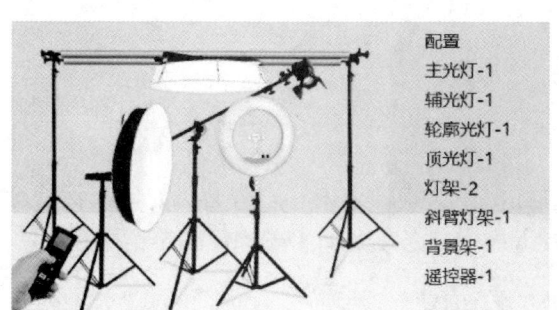 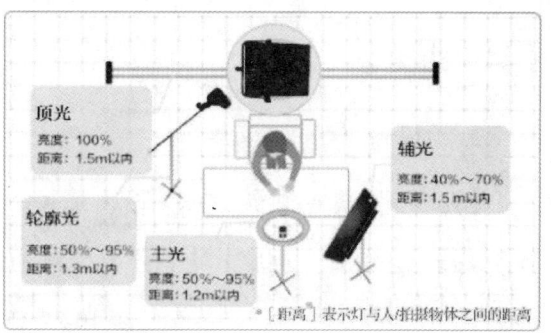

图 16-26　四灯方案 2 的布光配置和位置

4. 五灯方案

五灯方案是设置一个主光、两个辅光和两个顶光，都采用 LED 灯，主光采用双色温冷暖 48W 的环形补光灯，辅光、顶光都采用双色温 200W 左右的平面补光灯，两个顶光灯都设置在背景架上。该方案适合 15～30 平方米的室内直播场地，可用于主播动作较大的直播场景，如图 16-27 所示。

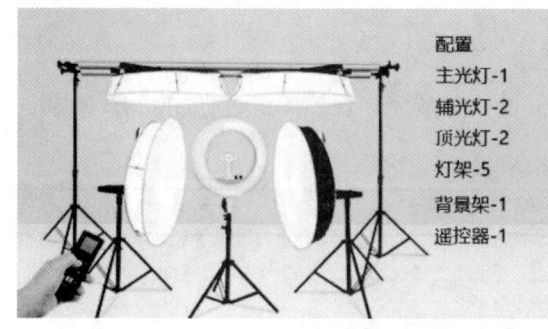 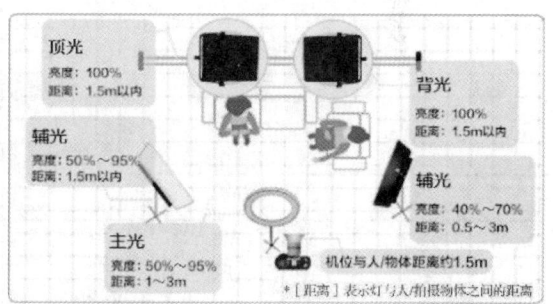

图 16-27　五灯方案的布光配置和位置

💡 小提示：扫一扫，完成课前测试和学习微课：如何快速搭建直播间。

如何快速搭建直播间　　　　项目十六课前测试（任务一）

课前测试评价表如表 16-1 所示。

表 16-1　课前测试评价表

评价内容	达到目标	积分
直播间搭建（15 分）	了解直播设备	
	掌握直播场地规划及布置	
	熟悉灯光布置	

【课中实操】

一、任务实施计划表

本次任务以农产品直播间的搭建为主要目标,要求兼顾室内和室外直播,能灵活快速部署设备。预算在 10000 元以内,从实际需要考虑。任务实施计划表如表 16-2 所示。

表 16-2　任务实施计划表

序号	步骤	方法与技巧	注意事项
1	确定直播间场景	从"人、货、场"三个方面考虑,兼顾室内外直播	
2	设计布光方案	结合实际,能灵活快速部署	
3	列出直播设备清单	控制在预算内,性价比高	

二、实施过程

(一)确定直播间场景

从"人、货、场"三个方面考虑,设想直播间的大概场景。直播场景计划如表 16-3 所示。

表 16-3　直播场景计划

人	货	场	直播场景描述
数量:	数量:	类型:	
架构:	属性:	其他:	
其他:	种类:		
	其他:		

(二)设计布光方案

根据上一步骤直播场景的设想,设计科学合理的布光方案,绘制布光方案平面图,实现灵活快速部署。

(三)列出直播设备清单

在有限的预算内,写出直播所需设备清单,如表 16-4 所示。

表 16-4　直播设备清单

设备名称	数量	参数说明	参考价格
1			
2			
3			
4			
…			

三、课中评价表

课中评价表如表 16-5 所示。

表 16-5　课中评价表

评价项	具体评价内容	达到目标	积分		
			自评	组评	师评
直播间搭建（45 分）	灯光布置	按要求制定布光方案			
	直播设备	按要求写出设备清单			
职业素养（20 分）	1．能按计划完成工作任务 2．直播运营素养 3．态度端正、无无故缺勤、迟到、早退现象	能以新媒体人身份要求自己，养成良好的专业素养			

企业导师评语：

【课后练习】

【单选题】

1．下列不属于室内直播设备的是（D）。
　　A．摄像头　　　　B．话筒　　　　C．灯光设备　　　　D．手持稳定器
2．关于直播间灯光的摆设，下列灯光不能反映主播轮廓的是（B）。
　　A．辅助光　　　　B．主光　　　　C．轮廓光　　　　D．顶光
3．下列关于直播场地的说法，不正确的是（C）。
　　A．常见的室外直播场地有商品室外产地、室外打包场所、露天集市等
　　B．室外直播适合直播体积较大的商品，或用于展示货源采购现场
　　C．直播场地的层高要保证能给顶光灯留下足够的空间，层高越高越好
　　D．室内直播场地的隔音效果要好，避免杂音的干扰

【多选题】

1．室内直播场地一般包括（ABC）。
　　A．直播区　　　　　　　　B．商品摆放区
　　C．后台区　　　　　　　　D．舞台区
2．对直播间的背景布置包括（ABCD）。
　　A．纯色背景　　　　　　　B．品牌 Logo 背景
　　C．商品摆放背景　　　　　D．与直播商品匹配的特色背景

【任务拓展】

任务描述：请以户外直播产品为例，快速搭建直播间，列出直播必需设备清单。课后任务评价表如表 16-6 所示。

表 16-6　课后任务评价表

具体评价内容	达到目标	积分
完成户外直播间设备清单（10 分）	符合直播实际需求	
完成课后任务和作业（10 分）	能结合所学知识点完成作业	

任务二　组建直播团队

【学习目标】

知识目标

1. 了解直播运营团队的各个岗位及其所承担的职责。
2. 理解不同类型的主播以及如何策划相应的人设。

能力目标

1. 能够做到根据实际需求合理设置岗位，并有效组建直播运营团队。
2. 依据主播的特点和市场定位策划塑造独特的主播人设。

素养目标

1. 培养团队合作意识和团队精神，确保团队高效运作。
2. 树立真实、诚信的职业态度，避免在直播中进行夸张宣传或传播不实信息。

【任务描述】

一个完整的短视频直播团队是包括主播、副播、场控、运营、售后、选品、策划等人员。但我们也要具体情况具体分析，学会如何组建默契的团队。本次任务以组建高效的农产品直播团队为最终目标，其中打造主播人设为重难点。

【课前导学】

一、直播运营团队岗位及其职责

（一）主播

主播主要负责在直播间向用户提供商品信息，引导用户购买商品，同时在直播期间调动用户的情绪，以维持直播间的热度。

在直播开始前，主播要协助团队成员选品，提前了解品牌和商品信息，确认直播场地，确认直播中互动活动的时间和方式。

在直播过程中，主播要详细讲解商品，试穿、试用商品，介绍直播间的优惠活动，为用户发放福利，与用户进行互动，活跃直播间的氛围，还要回答用户提出的问题，并引导用户关注和分享直播间。

直播结束后，主播应处理订单，与团队成员一起进行直播复盘，为下一场直播做好准备。主播要进一步提高自己的曝光度，增强个人的 IP 感，以增强粉丝的黏性。

（二）副播/助理

副播主要负责协助主播直播，与主播配合，如说明直播间的规则、介绍促销活动、补充主播没有提到的商品卖点、引导用户关注直播间等。助理主要负责直播间的各种琐事，如传递即将售卖的商品，准备直播时要使用的道具、优惠卡片、手稿，给主播做提示等。在规模小的直播运营团队中，助理的职责也由副播承担。

在直播开始前，副播要了解合作商家的商品和品牌信息，与团队成员共同确认优惠券的发放方式和发放时间，并进行直播测试，确认直播期间需要用到的商品和道具全部到位。

在直播过程中，副播要集中注意力，时刻跟进主播的节奏，按照主播的节奏发放优惠券，更新商品链接，同时试用商品，认真回答直播间用户的问题。

直播结束后，副播也要与主播一样，与团队成员一起进行直播复盘，协助主播处理订单，为下一场直播做好准备。

（三）场控

场控的主要职责是协助主播把控直播间氛围，引导粉丝互动，处理直播间出现的突发状况等，场控对主播的直播节奏有着直接的影响。

在直播开始前，场控要熟悉直播脚本，了解上架福利款、"爆款"等商品及抽奖活动的时间，还要了解推广商品的性能、参数、销售活动等，以免在直播时"翻车"，还要进行相关的软硬件调试等。

在直播过程中，场控要了解粉丝对商品的诉求，快速过滤弹幕区关于购买和售后的评论，确保整个直播间保持良好互动，并提醒主播及时回复粉丝，防止主播偏离话题太久。

场控要实时关注直播间人气和弹幕的变化情况。例如当直播间流量减少、在线人数降低时，场控就要提醒主播上架福利款，或者通过抽奖留住用户；而当直播间流量持续增加时，则可以提醒主播主推直播间"爆款"，以提高流量转化率和商品转化率。

（四）直播策划人员和运营人员

直播策划人员和运营人员的主要职责如表 16-7 所示。

表 16-7　直播策划人员和运营人员的主要职责

直播策划人员	运营人员
策划直播间优惠活动	分解直播营销任务
设计直播间粉丝分层规则和粉丝福利	规划直播商品品类
策划直播平台排位赛直播活动	规划直播商品上架顺序
策划直播间引流方案	规划直播商品陈列方式

续表

直播策划人员	运营人员
撰写直播活动规划脚本	分析直播间数据
设计直播话术	调试直播设备和直播软件
搭建并设计直播间场景	保障直播视觉效果
筹备直播道具	上架商品链接
	配合主播发放优惠券

（五）招商人员

招商人员也叫商品运营人员，主要负责对接供应链，联系商家进行合作，并根据团队挑选出来的类目想办法争取优质且高佣金的商品。招商人员要严格把控商品质量，剔除假冒伪劣产品，建立优质的供应链。

如果直播运营团队的实力比较雄厚，有知名主播，很多商家会主动上门寻求合作，这时招商人员有更大的议价能力，只需负责筛选商品，把控质量。

如果直播运营团队的实力较弱，主播知名度较低，招商人员就要想办法从多个渠道联系商家，宣传自己的团队，举出直播案例及数据，说服商家建立品牌合作。

如果是商家自播或供应链自播，招商人员主要负责对接达人主播，推进直播的各种事项。如果商家品牌实力雄厚，商品的知名度很高，品控也很好，只需把商品加入精选联盟，并设置一定的佣金比例，很多主播会主动进行合作。

（六）数据分析人员

数据分析人员的主要职责是收集、分析数据，并针对发现的问题提出一些优化建议。一个优秀的数据分析人员不只是简单地根据直播间的流量高低来决定是否增加预算，而是从一个个节点联系整体，对整个直播策划提供全局性的优化建议。

（七）设备管控和跟播人员

直播运营团队在使用空间较大的直播间进行直播时，要使用摄像机录制图像，还会涉及评论屏幕的显示，一旦遇到故障，出现黑屏、无法听到声音、无法进行直播推流等情况，设备管控和跟播人员就需要依靠经验和能力尽快解决问题，保证直播继续进行下去。

（八）客服

客服主要负责回答用户的咨询，既可以在直播间的公屏上以文字形式做出解答，活跃直播间的气氛，引导用户关注和下单，又可以在后台处理各种售前问题和售后问题。具体来说，客服的岗位职责包括以下几项：

（1）熟悉商品信息，洞悉用户的需求，掌握合适的沟通策略，向用户准确地描述商品的优势。

（2）热情、耐心地解答用户提出的各类商品问题，不要向用户发泄情绪，也不能拒绝回答问题。

（3）当遇到恶意的用户且无法与之交流时，要向同事或者直播平台求助。

（4）为商品做好备注，确认之后向打单人员核实，以免出错。

二、直播团队的人员配置

（一）基础团队

如果个人或商家的预算不高，那么可以组建一个比较精简的团队，即配置1名主播和1名运营人员。该配置对运营人员的要求较高，运营人员需同时承担助理、场控、策划、数据运营、客服等岗位的工作。

🔔 小提示：基础团队配置1名主播存在一定的弊端，即无法实现连续直播，并且一旦主播无法出镜时，就会影响直播的正常进行。在1名主播和1名运营人员的配置基础上，也可增设1名策划人员，负责直播方案的策划工作。

（二）标准团队

个人或商家的预算充足，或业务规模变大，可以组建标准团队。企业或平台商家构建自营直播团队时，一般会按直播的工作环节来选择和配置标准团队。标准团队的人员配置及职能分工如表16-8所示。

表16-8 标准团队的人员配置及职能分工

人员配置	职能分工
主播1名	负责直播，介绍、展示商品，与粉丝互动，引导粉丝关注，参与策划与直播复盘等
助理1名	协助主播工作，准备直播商品与道具，担任临时主播等
场控1名	负责软硬件调试及整场直播的后台操作，直播间数据监测与反馈，处理询单、答疑、售后问题等
策划1名	负责策划直播方案，设计商品脚本、活动脚本、话术脚本，直播预热宣传策划，粉丝福利方案策划等
数据运营1名	负责直播间流量采买和数据收集、分析，提供直播方案优化建议
商务拓展1名	负责商务合作、商品招商、商品信息整理、对接店铺等

（三）成熟团队

随着直播业务的发展壮大，以及资金方面的允许，商家可以组建成熟完善的直播团队，可以细化工作内容，由不同成员完成其对应的工作，团队成员相互配合，提高直播的效率和收益。成熟团队的人员配置及职能分工如表16-9所示。

表16-9 成熟团队的人员配置及职能分工

人员配置	职能分工
主播1名	负责直播，介绍并展示商品，引导粉丝关注与下单，复盘直播内容等
副播1名	配合主播直播，辅助说明直播间活动规则、介绍商品信息、活跃直播间气氛，担任临时主播等
助理1名	配合直播间的现场工作，摆放商品和道具，发布预热信息，配合主播完成"画外音"互动等
场控1名	负责调试软硬件，上下架商品、更改商品价格、发送红包和优惠券等

续表

人员配置	职能分工
策划 2 名	负责策划直播方案，策划直播前的预热内容，策划粉丝福利方案，设计商品脚本、活动脚本、话术脚本等
数据运营 1 名	负责直播间流量采买和数据收集与分析，提供直播方案优化建议
拍摄剪辑 1 名	辅助直播工作，负责商品、主播、直播花絮等的拍摄与剪辑
客服 2 名	负责直播间的粉丝互动与答疑，解决商品发货等售后问题
直播主管 1 名	负责主播的日常管理、招聘、培训、心理辅导，以及招商宣传等

三、直播主播的类型

不同类型主播的对比如表 16-10 所示。

表 16-10　不同类型主播的对比

主播类型	直播效用	直播带货优势	直播带货劣势	流量来源	货品来源
名人	能对品牌起到很好的宣传作用，提高品牌知名度	①自带流量，具有一定的影响力 ②有利于形成品牌背书 ③粉丝忠诚度较高	①通常对直播商品缺乏详细的了解，缺乏专业的直播技能 ②商品转化率不稳定	以自身粉丝为主	以品牌商直供为主
企业家/总裁	形成品牌背书，提高用户对品牌的信任度	①具有一定的知名度，自带流量，容易让人信服 ②对直播商品比较了解 ③具有较大的话语权，可以决定商品的优惠力度	缺乏镜头感和专业的直播技能	主要依靠品牌积累的忠实用户	以自有品牌供货为主
政府部门工作人员	在销售商品的同时也能起到宣传推广品牌的作用	①具有较强的社会公信力，用户信任度较高 ②具有较强的号召力	①缺乏镜头感和专业的直播技能 ②对直播商品缺乏了解	以某个地域或产品产地的粉丝为主	产品产地直供，或品牌商直供
专业电商主播	主要销售商品，流量较小的主播产生的品宣效果较弱，流量较大的主播产生的品宣效果较强	①专业度高 ②商品转化率较高	直播商品种类繁杂，有些主播的售后服务难以保障	原始流量平台支持，积累沉淀粉丝	以品牌商供货为主，一些流量较大、能力较强的主播会自建供应链
"网红"/自媒体主播	以销售商品为主	①镜头感较强 ②有较强的影响力	①通常对直播商品不太了解 ②缺乏专业的直播技能	自身拥有一定数量的忠实粉丝	以品牌商供货为主，一些流量较大、能力较强的主播拥有成熟的供应链
商家员工	以销售商品为主	①依托品牌知名度，品牌有一定的忠实用户 ②直播场次多 ③熟悉直播商品	①专业度不高 ②商品转化率不稳定	主要依靠品牌积累的忠实用户	以品牌商或工厂直供为主

四、打造主播人设的技巧

主播可以通过图 16-28 所示的四个维度来准确、快速地打造出属于自己的独特人设。

图 16-28　四维度打造主播人设

为了使人设更加饱满、更具有辨识度，主播在进行人设定位时应把握以下细节问题：

（1）价值体系：主播的价值观输出体系，如"理性消费"。

（2）镜头感：让消费者产生面对面交流的感受，可对着镜子练习自己的镜头感。

（3）语言风格：形成自己的语言风格。

（4）情绪：语调高低起伏、自然切换，音量稍大，语速稍快，用饱满的情绪表达直播内容，用良好的状态和热情感染消费者。

（5）耐心：在讲解商品的过程中，耐心解答消费者的问题。

🔔 小提示：扫一扫，完成课前测试。

课前测试评价表如表 16-11 所示。

项目十六课前测试（任务二）

表 16-11　课前测试评价表

评价内容	达到目标	积分
直播团队（15 分）	了解直播运营岗位及职责	
	熟悉直播团队的组织架构	
	熟悉主播人设的打造技巧	

【课中实操】

一、任务实施计划表

本次任务以组建高效的农产品直播团队为最终目标，其中打造主播人设为重难点。请按照表 16-12 完成任务实施。

表 16-12　任务实施计划表

序号	步骤	方法与技巧	注意事项
1	组建直播小组	从实际出发，能快速落执行直播任务	
2	团队试播	利用抖音或腾讯 NOW 完成试播	

二、实施过程

（一）组建直播小组

小组展开讨论，以农产品直播带货为主题，进行人员分工，如表 16-13 所示。

表 16-13 人员分工

姓名	角色	任务分工
甲		
乙		
……		

（二）团队试播

请按照刚刚的分工，使用抖音或腾讯 NOW 直播完成 5 分钟的试播，主播直播时录像。腾讯 NOW 直播如图 16-29 所示。

图 16-29 腾讯 NOW 直播

三、课中评价表

课中评价表如表 16-14 所示。

表 16-14 课中评价表

评价项	具体评价内容	达到目标	积分		
			自评	组评	师评
直播团队组建（45 分）	组建直播团队	成员分工明确，各司其职			
	试播	直播磨合，获取经验			
职业素养（20 分）	1. 能按计划完成工作任务 2. 具备直播运营素养 3. 态度端正，无无故缺勤、迟到、早退现象	能以新媒体人身份要求自己，养成良好的专业素养			

企业导师评语：

【课后练习】

【单选题】

1. 协助主播把控直播间氛围，引导粉丝互动，处理直播间出现的突发状况的岗位是（A）。
   A．场控 B．副播 C．助理 D．策划
2. 作为一个网红主播，其流量来源于（C）。
   A．平台随机分发 B．付费购买 C．自身忠实粉丝 D．自然流量

【多选题】

1. 下列属于主播助理的工作内容的有（ABD）。
   A．确认直播场地
   B．提示用户关注主播
   C．根据直播营销任务，规划直播商品品类，规划商品上架顺序
   D．在直播过程中补充回答主播未回复的用户提问
2. 主播良好的礼仪修养主要表现在（BCD）方面。
   A．普通话标准程度 B．着装
   C．妆容 D．肢体语言与表情神态

【任务拓展】

任务描述：请以农产品为直播产品，结合实际条件，组建直播小组，完成表 16-15 所示的直播安排计划表。

表 16-15　直播安排计划表

姓名	角色	任务分工

课后任务评价表如表 16-16 所示。

表 16-16　课后任务评价表

具体评价内容	达到目标	积分
完成直播团队组建（10分）	能匹配当地农村电商的需求	
完成课后任务和作业（10分）	能结合所学知识点完成作业	

项目十七　直播营销的话术设计

📢 项目分析

该项目详细探讨了直播营销的话术设计，涵盖了话术的基本要求、常见类型和组合技巧。它不仅为直播主播提供了一套系统的方法来有效地介绍和推广商品，还强调了如何通过结合不同的话术元素来提高销售转化率，并为实施提供了明确的计划和评价标准。本项目以撰写农产品营销话术为最终目标，其中利用 FABE 法则设计话术为重难点。

任务　撰写产品营销话术

【学习目标】

知识目标
1. 了解直播销售话术的基本要求。
2. 了解直播销售话术的常见类型。
3. 熟悉直播销售话术的组合技巧。

能力目标
1. 能够准确把握并突出商品讲解的关键点。
2. 能够熟练运用 FABE 法则进行商品讲解。
3. 能够掌握并应用商品讲解的"五步法"。

素养目标
1. 培养出色的销售服务意识。
2. 打造不虚假夸大、诚信经营的职业素养。

【任务描述】

直播商品多种多样，每种商品的讲解话术是有所区别的。直播运营团队在设计直播商品销售话术时，应围绕商品营销的核心逻辑，为达到让用户了解商品、让用户需要商品、让用户购买商品的目的，灵活运用不同的讲解方法，设计出优秀的讲解话术，对商品进行有针对性的讲解推广。本次任务以撰写农产品营销话术为最终目标，其中利用 FABE 法则设计话术为重难点。

【课前导学】

一、直播销售话术的基本要求

1. 内容规范

主播的直播销售话术要符合相应的政策、法律要求。

主播在介绍商品时不能使用违规词,更不能夸大其词、虚假宣传。

主播设计直播销售话术时既要确保内容符合规范,避开争议性词语或敏感性话题,以文明、礼貌为前提,又要能营造和谐的直播间氛围。

2. 用语专业

主播的直播销售话术要体现出专业性。其专业性表现在两个方面:一是主播对商品的认知程度;二是主播语言表达方式的成熟度。

主播在设计直播销售话术时需要重点关注以下几个方面。

(1) 如何说才能让用户更容易理解、听得更舒服,即表达方式灵活、内容通俗易懂。

(2) 如何说才能凸显自身的专业性,让用户更信服,即传达的信息真实、准确。

(3) 如何说才能让自己的语言表达形成个人风格,即表达富有个人特色。

3. 态度真诚

在直播销售中,主播不能一味地讨好用户,而应该与用户交朋友,用真诚的态度和真挚的语言来介绍商品。

4. 趣味性强

直播销售话术的趣味性强是指主播应提升直播语言的幽默感,不能让用户感觉枯燥无味。主播在讲解商品时,为了提升表现力和说服力,最好搭配丰富的肢体语言、面部表情等。主播可以通过观看、学习脱口秀节目、娱乐节目中主持人的说话方式来锻炼自己的幽默感,从而提升直播语言的趣味性。

二、直播销售话术的常见类型

(一) 开场话术

主播可以结合自身实际情况和直播商品特点来灵活设计开场话术。开场话术分为开场白、留存话术和引导关注话术。

1. 开场白

主播在设计开场白时可以借鉴表 17-1 所示的几类开场方式。

表 17-1 几类开场方式

序号	直播开场话术
1	欢迎大家来到我的直播间,主播是直播新人,希望大家多多支持,多多捧场哦!
2	大家好,我是一名新主播,今天是我直播的第××天,感谢大家对我的支持!
3	欢迎大家来到我的直播间,今天直播间优惠多多,一定不要错过了哟!

续表

序号	直播开场话术
4	大家好,我们是厂家自播,没有中间商赚差价,我们会给你想象不到的折扣
5	大家好,欢迎来到××直播间,主播深耕××行业××年了,有丰富的资源直播经验,所有的商品都是试用后才推荐给大家的,请大家放心

2. 留存话术

主播可以围绕表17-2所示的几点说明直播带给用户的利益点,提高留存。

表17-2 直播留存话术

序号	直播留存话术
1	恭喜××中奖了!太幸运了吧!赶紧点击左下角的购物袋,联系客服领取奖品!没有抽中奖品的宝宝也不要走开,直播最后会抽"0元拍免单"大奖!
2	下一次抽奖将在××分钟后进行!会送出××大礼!大家千万不要走开!
3	再过5分钟就要开始抽奖了!大家千万不要走开!
4	欢迎刚来的小伙伴,点击关注主播,关注人数达到200人我就发红包,点赞数到1万,也会发红包。
5	小伙伴们,20点我们有发红包活动,21点我们有10元秒杀活动哦!
6	下面这套衣服非常显瘦显白,而且价格也很便宜。

3. 引导关注话术

引导关注话术能够帮助主播把用户留在直播间。设置奖品策略、签到福利等话术能更好地帮助主播留住直播间的用户,进而将其发展为粉丝,如表17-3所示。

表17-3 直播引导关注话术

序号	直播引导关注话术
1	欢迎××来到我的直播间,喜欢主播的点个关注哦!
2	欢迎××我来到直播间,想要更多福利的点个关注哦!
3	刚进来的小伙伴可以先点主播的关注。
4	明天直播间还会抽出一名幸运免单用户,一定要先关注主播哦,我们不定时会有惊喜福利!
5	欢迎来到××直播间,别忘了点关注哦!
6	关注人数达到××××,主播就开始抽奖了!想要抽大礼的宝宝快快动动手指关注起来!
7	大家晚上好,喜欢我的朋友们请动动你们的小手,点一下关注,这样就可以随时随地来看我的直播啦!主播每天都在这里等你哦!
8	感谢××的关注,还没关注主播的宝宝们抓紧关注哟,主播每天都会赠送惊喜福利呢!

(二)互动话术

互动话术就是主播为了避免在直播过程中冷场,积极引导用户互动,使直播间始终保持活跃的氛围。互动话术可以分为回答型互动话术和提问型互动话术。

1. 回答型互动话术

当新手主播找不到合适的话题或突然忘词、无话可说时，可以从弹幕评论中随机挑选一些问题，在为用户答疑解惑的同时迅速地调整自己的思路，做好后面直播的规划。主播的回答型互动话术示例如表 17-4 所示。

表 17-4 主播的回答型互动话术示例

用户提出的问题	问题分析	主播的回答型互动话术
主播多高，多重？	这说明用户对这款商品是感兴趣的，有购买欲望；用户可能没有看主播背后的信息牌的习惯	主播身高 165 厘米，体重 50 千克，穿 S 码，你也可以看一下我身后的信息牌，感兴趣的话就下单，衣服上身效果很好，在各种场合都可以穿
5 号商品能试一下吗？	这说明用户已经对这款商品产生了兴趣，但内心仍有一丝犹豫，想要看一下主播试穿的效果再决定是否购买	5 号商品是吗？好的，别急，主播马上试穿
个子不高能穿吗？身体太胖能穿吗？	用户想确认自己是否可以穿这款衣服，但又没有明确说明自己的实际身高、体重信息，这时主播要引导用户说出具体信息	你好，请问你具体的身高和体重是多少呢？主播要根据你的实际身高和体重帮你推荐
主播为什么不回答问题？	这说明用户已经有情绪了，这时主播要快速捕捉到用户的情绪，尽快安抚用户，以免其将不良情绪传染给更多用户	请不要生气，信息太多看漏了，没有不理你的意思。各位朋友们，如果我没有及时看到你们的问题，还请多刷几遍问题，千万不要生气哦

2. 提问型互动话术

提问型互动话术就是主播根据自己直播的主题和内容设置场景，提出问题，激发用户的互动欲望。主播提出的问题要尽可能贴近用户的生活和工作。

除了以上两种类型的互动话术，主播如果感觉自己没有能力解答评论的问题或者无法设置合适的场景，可以考虑使用简单的互动话术，例如，"同意的打 1，不同意的打 2。"

（三）商品介绍话术

主播可以从商品的核心优势、使用场景等方面来介绍商品。

1. 商品的核心优势

商品的核心优势也可以称为商品卖点，主要包括商品在直播间的优惠价格、安全有效成分、良好的功效、精美的外观设计、超高的性价比等。主播可以根据商品特点围绕以上几个要点设计商品介绍话术。

2. 商品的使用场景

对商品的使用场景的描述可以是一个，也可以是多个。另外，主播除了向用户口头描述使用场景外，还可以阐述亲身使用感受。

（四）直播催单话术

在这个环节，主播可以从强调售后服务、价格优惠、回购率、商品好评等方面来激发用户的购买欲，使用户下单。直播催单话术如表 17-5 所示。

表 17-5　直播催单话术

序号	直播催单话术
1	这个商品我自己也在用，真的特别好用
2	最后 5 件了，喜欢的宝宝抓紧拍
3	这款商品之前在××（平台）已经卖了 10 万套
4	数量有限，机会难得，商品即将售罄，抓紧时间
5	这款商品采用××材质，经过××认证，年产量只有××，非常难得
6	购买我家的商品，如果买贵了，15 天内可以退差价，退货时免收运费
7	还有最后 5 分钟，没有下单的宝宝们赶紧下单，直播结束后就没有这样的价格优惠啦
8	今天这个商品数量有限，只有 100 件，喜欢的宝宝们赶紧下单
9	这次的商品折扣仅限本次活动期间，活动结束就恢复原价，敬请谅解
10	这次活动的力度真的很大，买两套非常划算，错过就可惜了
11	刚错过的小伙伴们，现在下单还来得及啊！特为你们开了一个末班车，下手要快，错过真没了
12	这款商品在××旗舰店的价格是 99 元一瓶，今天在直播间买一送一，99 元可以买到两瓶
13	××旗舰店的价格是 69 元一瓶，今天宝宝们在直播间买两瓶直接减 69 元，相当于第 1 瓶 69 元，第 2 瓶免费，再加 10 元，我再送一瓶喷雾
14	宝宝们，我们这次活动的优惠力度非常大，现在拍立刻能省××元，还赠送一个价值××元的赠品

（五）直播结束话术

在直播结束前，主播首先应快速回顾整场商品，确保没有下单的新用户能够看到商品，提醒已经下单的用户付款；然后通过直播预告告诉用户下期直播的商品与福利；最后通过真诚的感谢话术，和用户互动直播的过程，表达内心的真实感受，增强粉丝的黏性。直播结束话术如表 17-6 所示。

表 17-6　直播结束话术

序号	直播结束话术
1	感谢××位在线粉丝陪我下播，更感谢从开播一直陪我到下播的粉丝××、××……
2	又到了下播的时间了，感谢大家从开播一直陪我到下播，主播会继续为大家带来更多的福利
3	今天的直播接近尾声了，明天晚上同样××点开播/明天会提早到××点开播，大家可以点一下关注哦
4	非常感谢所有还停留在我直播间的宝宝们，我每天的直播时间是××点~××点，没点关注的记得点关注，哦，明天还有宝宝们期待已久的××哦
5	还有 10 分钟就下播了，非常感谢大家的陪伴，主播最后给大家抽个奖好不好？大家记得关注我，下次开播就会收到开播提醒

三、直播销售话术的组合技巧

（一）商品介绍+价格优势+场景描述

该组合模式由商品介绍、商品价格和使用场景组成，适合简单地推广商品，主播可以在两三分钟之内将商品描述出来。

（二）店铺名称+商品介绍+价格优势+场景描述+抢购方式+快递+售后

该组合模式由店铺名称、商品介绍、价格优势（商品原价、现价、折扣力度、线下价格）、场景描述、抢购方式、快递、售后组成，适用于详细地主推商品，主播一般在 10 分钟之内将商品描述出来。

【知识补充】

直播商品讲解"五步法"

（1）提出问题：结合消费场景挖掘消费痛点及需求点，给用户一个购买的理由。

（2）放大问题：放大问题时要全面化和最大化，把大家容易忽略的问题和隐患尽可能放大。

（3）引入问题：以解决问题为出发点引入商品，解决用户之前提出的问题。

（4）提升高度：详细地讲解商品，并从品牌故事、做工精细等视角来提升商品本身的附加值。

（5）降低门槛：为用户讲解商品优势和优惠活动，使用户愿意购买且有能力购买。

小提示：扫一扫，完成课前测试。

课前测试评价表如表 17-7 所示。

表 17-7 课前测试评价表

评价内容	达到目标	积分
直播营销话术（15 分）	掌握直播销售话术的基本要求	
	熟悉直播销售话术的常见类型	
	掌握商品介绍话术	

【课中实操】

一、任务实施计划表

本次任务以撰写农产品营销话术为最终目标，其中利用 FABE 法则设计话术为重难点。请按照表 17-8 完成任务实施。

表 17-8 任务实施计划表

序号	步骤	方法与技巧	注意事项
1	提炼讲解关键点	重点介绍用户想听的	
2	FABE 提炼	依据用户的买点，匹配 FABE 法则	实事求是
3	话术提炼	利用 FABE 提炼出卖点，配合关键点，搭配广告语，提炼话术	

二、实施过程

（一）提炼讲解关键点

主播讲解农产品时，应重点介绍用户想听的。请根据表 17-9 提炼相关简短话术，以农产品为例，产品不限。

表 17-9 提炼话术的方向

农产品	提炼话术
品牌故事	
成分材质	
功能功效	
商品展示/感受	
竞品对比	

（二）FABE 提炼

万能销售介绍法则——FABE

小提示：扫一扫，学习微课：万能销售介绍法则——FABE。

FABE 法则被称为"万能销售介绍法则"，此法则同样适用于直播销售。FABE 法则是指主播在讲解商品时通过四个关键环节，巧妙地处理好用户关心的问题，从而顺利地实现商品的销售，如图 17-1 所示。

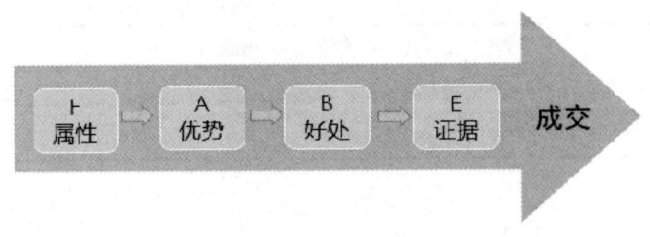

图 17-1 FABE 销售法则

属性（feature）：材质、成分、工艺、技术等。

优势（advantage）：由 F 决定的该商品所具有的不同于竞品的特色，商品的用途、作用、优点等。

好处（benefit）：由 F、A 决定，主要是指商品可以给用户带来的利益，主播在讲解时要具体化、场景化。

证据（evidence）：包括成分列表、专利证书、商品实验、销量评价、行业对比、权威背书等。

下面以一款潮流大衣示例，用 FABE 法则提炼话术，如表 17-10 所示。

话术提炼：宝宝们，我们这款大衣采用了仿记忆布面料，领子是真貉子毛，袖口是魔术贴螺纹设计。而且整体防水，领子蓬松、不掉毛，袖口可以自由调节大小，防止钻风。不管什么场合，穿起来保暖不易受凉，并且省钱省事又高级有面子。（展示）宝宝们可以看下，浇水在衣服上的防水效果，还有袖口调节的范围，大概有 20~30cm 的大小。已经带回去的宝宝们，都是好评一致的（展示评论）。宝宝们，现在把它带回家，人见人爱人人夸。

表 17-10 潮流大衣的话术

潮流大衣	F	A	B	E（展示）
卖点一：面料	仿记忆布料	防水	省钱、省事	现场浇水
卖点二：真貉子毛	真貉子毛领	蓬松、不掉毛	高级有面子	看客户评价
卖点三：防风袖口	魔术贴螺纹袖口	可调节、防止钻风	不易受凉	看细节

参考以上示例，利用 FABE 法则提炼卖点话术，完成农产品的话术内容，如表 17-11 所示。

表 17-11 农产品的话术

农产品	F	A	B	E（展示）
卖点一：				
卖点二：				
卖点三：				

（三）话术提炼

1. 根据产品特点和用户的买点，设计一条广告语。

_____
_____
_____

2. 根据前面两个实施步骤，把讲解的关键点、FABE 法则话术提炼、广告语融合在一起，形成农产品营销话术。

农产品营销话术：_____
_____
_____
_____
_____

三、课中评价表

课中评价表如表 17-12 所示。

表 17-12　课中评价表

评价项	具体评价内容	达到目标	积分		
			自评	组评	师评
农产品营销话术（45 分）	讲解关键点	符合用户想听的内容			
	FABE 销售法则	卖点匹配 FABE 法则			
	话术提炼	精准营销，富有创意			
职业素养（20 分）	1. 能按计划完成工作任务 2. 具备广告营销思维 3. 态度端正，无无故缺勤、迟到、早退现象	能以新媒体人身份要求自己，养成良好的专业素养			

企业导师评语：

【课后练习】

【单选题】

1.（B）思路是引入商品，以解决问题为出发点，解决之前提出的问题和疑惑。

　　A．展示亮点　　　　　　　　B．还原场景

　　C．灌输理念　　　　　　　　D．抬高需求

2.（D）思路是用价格优势、独家货源、限时秒杀、优惠券、抽奖活动、额外赠品等销售策略，营造稀缺感，刺激观众下单。

　　A．灌输理念　　　　　　　　B．抬高需求

　　C．展示亮点　　　　　　　　D．促进成交

3.（C）就是饥饿营销的另一种说法，让用户产生一种怕错过的心理想法，催促用户马上下单。

　　A．商品介绍话术　　　　　　B．引导关注话术

　　C．催单话术　　　　　　　　D．互动话术

【多选题】

1. 主播在设计直播营销话术时要（ACD）。

　　A．话术设计口语化，富有感染力　　B．将话术作为模板套用

　　C．话术配合情绪表达　　　　　　　D．语速和语调适中

2. 运用 FABE 万能销售法则进行直播，主要讲解（ABCD）。

　　A．商品属性　　　　　　　　B．商品作用

　　C．商品好处　　　　　　　　D．商品使用效果

【任务拓展】

任务描述：请以荔枝为例，利用 FABE 法则设计营销话术。

课后任务评价表如表 17-13 所示。

表 17-13 课后任务评价表

具体评价内容	达到目标	积分
完成荔枝销售话术设计（10 分）	掌握 FABE 销售法则	
完成课后任务和作业（10 分）	能结合所学知识点完成作业	

项目十八　打造人气直播间

📢 项目分析

该项目主要聚焦于如何有效提升直播间的流量，涵盖了直播前、中、后的各种引流策略，从平台设置、短视频预热、社交平台宣传到直播中的互动活动和售后服务，提供了一套完整的直播引流和增长策略。

任务　提升直播间流量

【学习目标】

知识目标
1. 了解直播间流量的主要入口。
2. 熟悉直播间如何获取流量的技巧。
3. 熟悉各种直播引流的模式。

能力目标
1. 能够掌握并运用直播预热的技巧。
2. 能够掌握并运用直播中的引流策略。
3. 能够对直播流量进行数据分析。

素养目标
1. 树立严格遵守《中华人民共和国产品质量法》的意识，确保合法合规进行直播。
2. 培养不虚假夸大、诚信经营的职业素养。

【任务描述】

为提升直播间流量，本任务聚焦于分析现有观众数据，通过直播前的预热宣传、直播中的互动策略和直播后的内容再利用，结合社交媒体和合作伙伴推广，旨在增加在线观众数量、提高互动参与度和观众停留时间。本次任务以直播半小时（抖音）为最终目标，其中学习流量获取的技巧为重难点。

【课前导学】

一、直播引流的定义与类型

直播引流是指利用多种方法，吸引、引导用户进入直播间，增加直播间的在线人数。

根据引流的时间点不同,可以将直播引流分为直播前引流、直播中引流和直播后引流。

(一)直播前引流

直播前引流就是直播活动的预热,直播团队通过不同渠道对直播进行预告,吸引用户在直播时进入直播间。

1. 直播平台私域场景

对于抖音、快手等短视频平台来说,商家可以利用的私域场景主要是账号名称、账号简介、粉丝群等。商家在直播之前可以更新账号名称和账号简介,如在账号名称中加括号备注直播信息,也可以在账号简介中以文案的形式说明自己的直播时间,如"每早 8:30 —晚上 12:00 直播"。商家也可以创建自己的粉丝群,并将加入粉丝群的方式直接展示在自己的主页中,用户加入粉丝群后,商家可以在粉丝群里公告直播信息。账号主页设置直播预告如图 18-1 所示。

图 18-1　账号主页设置直播预告

2. 短视频引流

短视频是十分受互联网用户欢迎的一种内容形式,其时长短、发布时间灵活。而直播预热视频要直接告知用户直播的时间点、产品预告等信息,可以通过制作展示产品卖点、福利等多个预告视频,在直播前 1~2 天持续播放。直播时投 DOU+,覆盖粉丝和垂直用户,促进流量提升。目前,短视频预热是开播前非常重要的引流方法,如图 18-2 所示。

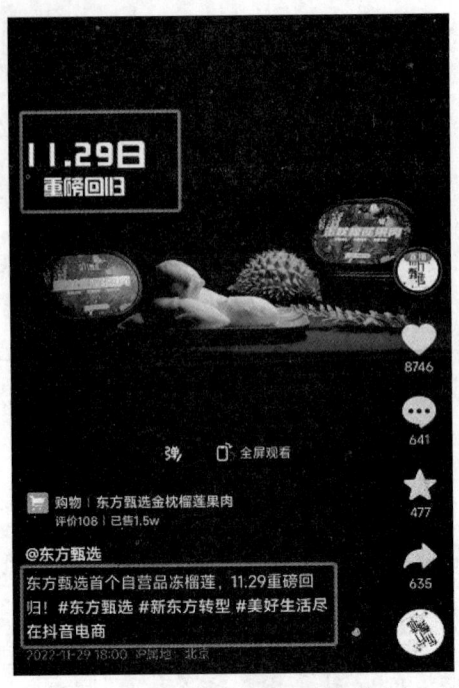

图 18-2　短视频预告

3. 社交平台预热

随着移动互联网的快速发展，社交平台的使用越来越频繁。人们会用 QQ、微信等沟通工具，用微博、豆瓣等了解时事、发表看法等。主播要抓住这一点，在社交平台上进行直播预热，如图 18-3 所示。

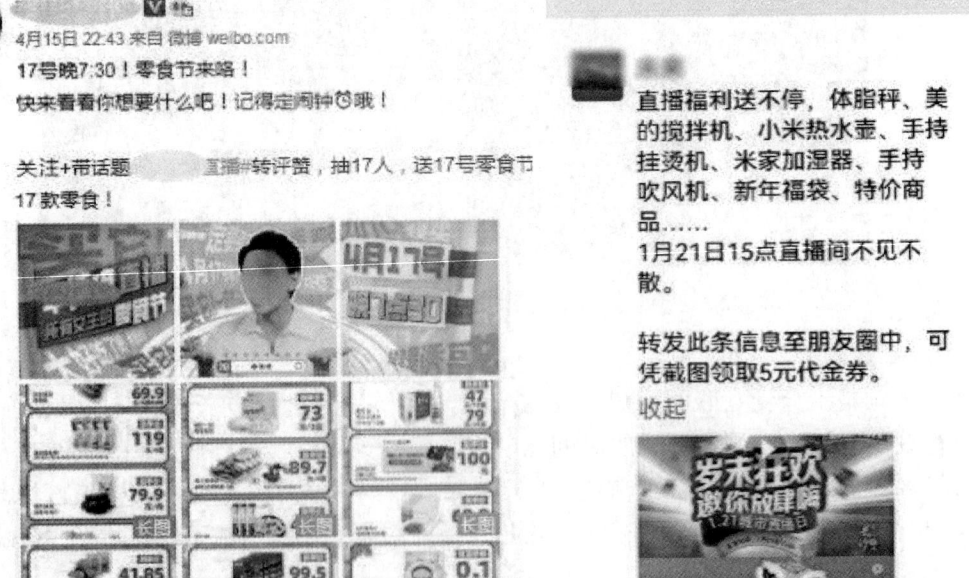

图 18-3　各社交平台的直播预热

此外，有些消费者并不关注直播，但是他们会通过企业官网关注自己心仪的商品。主播通过企业官网进行直播预热，能够吸引这些关注该企业的消费者前来观看直播。另外，当自身拥有线下实体店或者与拥有线下实体店的品牌商合作时，商家也可以把直播预告投放到线下实体店中。

（二）直播中引流

直播最大的优点之一就是互动性强，直播过程中做好引导，提醒用户时刻关注直播间，利用红包、优惠券、抽奖、"秒杀"活动等增加他们的停留时长，增强用户的黏性。

1. 派发红包

派发红包的方式多种多样，既可以在点赞或关注数量达到一定数值时发送红包，也可以每间隔 5 分钟、10 分钟或定点发送红包，还可以在用户输入指定内容、拍下订单以后发送红包。主播在派发红包时，可以适当引导用户，如"宝宝们，点赞数量达到 5 万，主播就发红包"。抖音直播间派发红包如图 18-4 所示。

图 18-4　抖音直播间派发红包

2. 抽奖送福利

抽奖送福利是一种互惠互利，因为用户的时间是宝贵的，只要用户在直播间里停留，本质上就是在用自己的时间交换福利奖品。并不是所有用户在领完福利之后都会离开直播间，会有很大一部分用户被直播间吸引，关注主播，并产生后续的购买行为。具体设置抽奖技巧如下：

（1）在直播过程中，主播可以重复提醒将要开启的直播抽奖环节，并说明抽奖时间节点和抽奖规则等，以延长用户在直播间的停留时长。

（2）设置抽奖时，主播可以设置用户在关注直播间并输入正确的关键词后才可领取奖品，这样不仅有利于提高直播间的粉丝数量，还可以调动用户的情绪，营造积极的直播氛围，如图 18-5 所示。

图 18-5 评论抽奖

（3）在抽奖时，主播可以通过截图的方式现场播报中奖名单，保证抽奖活动的公正性，抽奖完成后，还可以告知用户下一个抽奖的时间节点。

3. 发放商品优惠券

商品优惠券是虚拟电子现金券，用户可以在直播间购买商品时，使用获得的优惠券抵扣现金。优惠券具有更大的灵活度和选择权，完全由商家支配发放面额、对象、数量，专门用于商品的促销活动，如图 18-6 所示。

图 18-6 商品优惠券

（三）直播后引流

1. 做好售后

直播结束以后，售后是至关重要的，很多粉丝因为受到直播间的气氛感染，冲动下单，但是事后冷静下来，可能会出现退单的举动，而好的售后与沟通可以减少这类现象。因此，在直播结束后，直播团队一定要做好售后。

2. 建立粉丝群

直播团队要想长期做好直播营销，一定要搭建粉丝群。直播结束后，一方面直播团队可以在粉丝群里定期举办一些活动或者发放红包或小礼品，加强与粉丝之间的联系；另一方面，如果粉丝有售后问题，直播团队要第一时间帮助粉丝解决，树立好团队形象；此外，直播前直播团队可以在粉丝群里发送通知，为下次直播引流，让直播在一开始就能达到一个比较好的人气基础。

3. 制作直播切片短视频

对直播视频进行剪辑，然后将其包装到推文中或做成精彩的短视频，让每一个有兴趣的受众都能关注账号并将其分享到自己的社交圈，这也是一种直播后引流的方式。

这种方法类似于电视剧、电影播放前给出一些花絮，让观众对成片产生兴趣。如果上一场直播中有好玩或精彩的事情，就可以剪辑成短视频发布，为下一场直播造势、引流，如图 18-7 所示。

图 18-7　直播切片

二、直播引流的模式

根据流量的来源，可以将直播引流分为公域引流模式和私域引流模式两种。先来了解一下公域流量和私域流量。

1. 公域流量和私域流量的概念

公域流量，也叫平台流量，它不属于单一个体，而是集体所共有的流量，是商家通过淘宝、京东、拼多多等平台销售商品所获取的流量。这一类平台的特点是，流量是属于各个平台的，商家入驻后通过搜索优化、参加活动、投入推广费以及开展促销活动等方式来获得客户。

私域流量是相对于公域流量来说的，是指不用付费，就可以在任意时间、任意频次，直接触达用户的流量，如 QQ 号、微信号、社群上的粉丝，就属于私域流量。比起公域流量，私域流量更需要引导和运营。

如果用一句话概括私域流量和公域流量的区别，就是私域流量的用户属于个体，公域流量的用户属于平台。公域流量与私域流量的运营逻辑如图 18-8 所示。

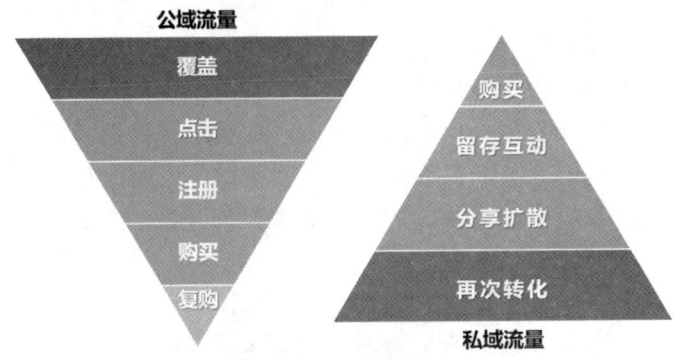

图 18-8　公域流量与私域流量的运营逻辑

2. 公域引流模式和私域引流模式的优劣势对比

公域引流和私域引流的优劣势对比如表 18-1 所示。

表 18-1　公域引流和私域引流的优劣势对比

引流模式	优势	劣势
公域模式	①受众面广，可将信息快速传递给受众人群，形成广而告之的效应 ②持久化刺激消费者，有助于塑造品牌形象 ③保持品牌活跃度和竞争规模，增加品牌存活时间	①没有支配权，需要依靠于平台获取流量，不能完全掌控自己的流量分发，只能跟随平台的发展规律顺势而为 ②每次流量的使用需支付高昂的费用，也就是说只能以付费或活动等方式，在满足平台规则的原则下获取流量，且用户留存率较低
私域模式	①营销成本低，可以直接触达用户 ②防止老用户流失，更方便通过活动等渗透，跟用户建立品牌情感关系 ③有助于塑造品牌，用户可近距离感受企业服务，增强对品牌的认知，形成叠加影响	当私域流量池中的用户发展到一定水平以后，稍有不慎，很可能会出现不便于管理的情况，因此私域流量对商家的运营能力要求比较高

3. 公域引流模式和私域引流模式的选择

个人可以根据公域引流模式和私域引流模式的优劣势选择合适的引流模式，直播团队通常会组合使用两种模式引流。

例如，在抖音平台做直播引流，直播团队通常会在开播的时候通过投放 DOU+引流，这是一种公域引流模式。直播团队可以引导用户加入粉丝群，这样就可以在下次开播或有活动的时候在粉丝群中通知，粉丝群中的引流属于一种私域引流模式。

【知识补充】

抖音推荐类流量主要是关注页展示、直播推荐流、直播广场、同城页和官方活动话题。是否能获取平台直播推荐流由以下 3 个维度决定：

（1）直播间质量：即直播间的点赞、互动、粉丝留存、转化等，决定直播间质量，系统通过这些数据指标判断直播间的质量，决定是否推流，推多少。

（2）直播间匹配度，通过直播间标题、位置、话题的设置，以及直播内容标签，系统判断推送什么流量进直播间。

（3）稳定持续开播，即稳定的直播频率，在固定时间，进行固定时长（2 小时/天）直播，切忌偶尔直播、随意变换直播时间。直播是逐渐积累经验、人气的过程，需要耐得住寂寞，坚持是关键。

短视频内容创作是核心流量来源，粉丝社群是长效流量机制，除自然流量外，适当付费流量也能事半功倍。根据自然流量获取的比重，做好运营权重划分，不同渠道分配不同运营精力。获取流量是前期工作，但是直播间互动、讲解、环节设置同样重要。

小提示：扫一扫，完成课前测试。

项目十八课前测试

课前测试评价表如表 18-2 所示。

表 18-2 课前测试评价表

评价内容	达到目标	积分
直播引流（15 分）	熟悉直播前、中、后引流的技巧	
	熟悉公域流量和私域流量	
	建立直播运营思维	

【课中实操】

一、任务实施计划表

本次任务以直播半小时（抖音）为最终目标，其中学习流量获取的技巧为重难点，请选择按照表 18-3 完成任务实施。

表 18-3 任务实施计划表

序号	步骤	方法与技巧	注意事项
1	主页设置	设置个人主页封面、昵称以及简介，其中简介要明确开播时间、内容等	抖音平台
2	发布直播预热短视频	1. 直播预热短视频需要预告直播时间、直播内容 2. 直播预热内容能激发观众好奇心	抖音平台

续表

序号	步骤	方法与技巧	注意事项
3	设置直播	1. 设置有吸引力的直播标题、头像 2. 添加直播间介绍、直播话题 3. 选择直播分类	抖音平台
4	直播开始	巧用开场话术、互动话术进行直播	
5	生成分析报告	归纳总结	

二、实施过程

🔔 小提示：扫一扫，学习微课：巨量百应直播中控台。

巨量百应直播中控台

（一）主页设置

参考对标账号，设置个人主页封面、昵称以及简介，其中简介要明确开播时间、内容等。

（二）发布直播预热短视频

制作一条直播预热短视频，内容能激发观众好奇心，并且预告直播时间。在抖音平台发布。

🔔 小提示：短视频时长不宜过长，控制在 15～30 秒，文案需符合吸引力法则。

（三）设置直播

在抖音平台设置直播标题、直播介绍、直播话题标签，并制作直播封面，如图 18-9 所示。

图 18-9　抖音平台开播前设置

（四）直播开始

巧用开场话术、互动话术进行直播，持续时间半小时以上。

（五）生成分析报告

直播结束后，完成下面分析报告。可从直播设置、话术、场观人数、心态等方面阐述总结，如表 18-4 所示。

表 18-4　分析报告

	收获	不足
直播总结		

三、课中评价表

课中评价表如表 18-5 所示。

表 18-5　课中评价表

评价项	具体评价内容	达到目标	积分		
			自评	组评	师评
直播引流（45 分）	直播设置	能利用技巧获取自然流量			
	直播中引流				
	直播节奏				
职业素养（20 分）	1. 能按计划完成工作任务； 2. 在获取流量过程中，能合法竞争，不违反平台规则； 3. 态度端正，无无故缺勤、迟到、早退现象	能以新媒体人身份要求自己，养成良好的专业素养			

企业导师评语：

【课后练习】

【单选题】

1. 下列关于直播封面的说法，不正确的是（A）。

　　A．直播封面以人物为主体时，封面中的人物只能是主播

　　B．在封面中展示人物形象时，还可以融入商品，如人物穿、拿、戴直播中推荐的商品

　　C．直播封面以商品为主体时，商品图片应直观立体，让用户能够直接观察到商品

的细节、特点等

D. 直播封面直观体现直播内容，好的封面具有明显的引流效果

2. 下列直播标题中属于"传达利益点"的是（B）。
   A. 母婴生活用品，快来抢购　　B. 减脂塑形，轻松瘦身
   C. 太大了！海水大虾　　　　　D. 纯棉加绒卫衣1折起

3. 在抖音直播中，互动玩法不包括（A）。
   A. 与用户聊家常　　　　　　　B. 引导用户评论
   C. 连麦PK　　　　　　　　　　D. 派发红包

【多选题】

1. 下列关于直播预热时机的说法，正确的是（BCD）。
   A. 主播应提前5天准备好海报、文案、短视频等宣传物料，然后在正式直播1～2天前进行直播预热
   B. 如果直播预热与正式直播的间隔时间太短，不利于预热信息的持续发酵
   C. 如果直播预热与正式直播的间隔时间太长，信息则容易被用户遗忘
   D. 直播预热信息发布的时间一般不选择在休息日，应避开各类社交媒体平台内容发布的高峰

2. 短视频能给直播间带来宝贵的精准流量，发布短视频合适的时间有（ABC）。
   A. 直播前　　　　　　　　　　B. 直播中
   C. 直播后　　　　　　　　　　D. 直播间流量不足时

【任务拓展】

任务描述：使用抖音个人账号登录巨量百应主界面（https://www.douyinec.com/），点击直播管理，了解其中所有功能。

课后任务评价表如表18-6所示。

表18-6　课后任务评价表

具体评价内容	达到目标	积分
完成巨量百应的操作使用（10分）	熟悉利用巨量百应进行直播管理	
完成课后任务和作业（10分）	能结合所学知识点完成作业	

项目十九　如何系统规划一场带货直播

📢 项目分析

该项目包括两个关键任务。首先,"直播流程策划"教导如何系统地规划带货直播。其次,"制作复盘 PPT"要求从直播活动中汲取经验,通过 PPT 进行总结和回顾,为未来的直播提供参考。

任务　直播流程策划

【学习目标】

知识目标
1. 了解直播营销策划的整体流程。
2. 熟悉直播营销的整体思路与设计方法。
3. 熟悉直播营销脚本的策划技巧和要点。

能力目标
1. 能够完成整场直播的脚本策划。
2. 能够完成针对单一商品的直播脚本策划。
3. 能够熟练使用各种营销工具来辅助直播策划。

素养目标
1. 树立遵守政策法规的意识,为直播创造一个积极、健康的文化氛围。
2. 培养不虚假夸大、诚信经营的职业素养和道德标准。

【任务描述】

以营销为目的的直播活动,需要遵循一定的流程,目的是提升企业品牌形象、提高产品销量、引流"涨粉"等。本次任务以制作整场直播脚本为最终目标,其中营销活动环节设置为本次任务的重难点。

【课前导学】

一、直播营销策划的流程

直播规划可以分为直播前规划、直播中规划和直播后规划 3 个部分。直播前规划的主要任务可以细分为设计整体思路和筹备直播,直播中规划的主要任务是直播执行,直播后规划的主要任务可以细分为做好二次传播和进行复盘总结。直播规划示意如图 19-1 所示。

图 19-1　直播规划示意

（一）设计整体思路

直播营销的整体思路设计包括 3 个部分，即目的分析、方式选择和元素组合。

1. 目的分析

如果直播是一种营销手段，那么其就不能是简单的线上才艺表演或互联网游戏分享。直播营销策划者需要综合产品特色、目标用户、营销目标，提炼出此次直播营销的目的。

2. 方式选择

在确定直播目的后，直播营销策划者需要根据企业或品牌的调性，在颜值营销、艺人营销、稀有营销、利他营销等不同的直播营销方式中，选择一种最优方式或选择多种方式进行组合。

3. 元素组合

选择好方式后，还需要对场景、产品、创意等模块进行组合，设计策划出最优的直播策略，如图 19-2 所示。

图 19-2　直播元素示意

（二）筹备直播

直播前，首先需要做好直播营销方案；其次需要提前测试直播过程中可能用到的软硬件设备，防止因设备问题而影响直播效果；最后为确保直播间当天的人气，还需要提前对直播活动进行预热宣传，鼓励粉丝提前或准时进入直播间。

（三）直播执行

虽然前期的整体思路设计、直播筹备能确保直播方案执行流畅，但是直播现场的情况无法预料。因此，为了达到预期的直播营销目的和效果，主播及现场工作人员需要尽可能地按照步骤执行直播营销方案，使直播开场、直播互动、直播收尾等各环节顺利推进，确保直播顺利开展。

（四）做好二次传播

直播的过程可能只有几个小时，但是直播结束并不意味着营销结束。在直播结束之后，直播团队还需要对直播涉及的图片、文字、视频等进行再次加工、包装，通过互联网进行二次传播，让未观看现场直播的用户也可以看到直播的视频，实现直播营销效果的最大化。

（五）进行复盘总结

直播营销接近尾声时，直播团队还需要对直播营销进行复盘总结。对直播数据进行统计，并与营销效果目标进行对比分析，判断直播营销效果的好坏。组织整个直播团队进行讨论，总结此次直播的经验与教训，积累团队经验，作为下一次策划直播营销方案的依据。

二、直播脚本的策划

（一）直播脚本的作用

直播脚本的作用如图 19-3 所示。

图 19-3　直播脚本的作用

（二）直播脚本的基本要点

直播脚本的基本要点如图 19-4 所示。

图 19-4　直播脚本的基本要点

（三）单品直播脚本的写作

单品直播脚本即基于单个商品的脚本设计，它对应整场直播脚本的"商品推荐"部分。单品直播脚本是围绕商品来撰写的，其核心是突出商品卖点。某品牌一款不粘锅的单品直播脚本示例如表 19-1 所示。

表 19-1　某品牌一款不粘锅的单品直播脚本示例

商品宣传点		具体内容
品牌介绍		××品牌在健康饮食厨房领域不断拓展，新品层出不穷，包括豆浆机、面条机、电磁炉、电饭煲、净水机、不粘锅等多个系列，向广大用户传达健康快乐的生活态度
商品卖点	用途多样	不粘锅系列 3 件套，有炒锅、煎锅和奶锅，可用于多种烹饪场景
	质量优越	严选优质铝合金复合加厚锅体，包含优质不粘层、加固纳米渗透基底层、进口防刮耐磨层、易清洗导磁层

续表

商品宣传点		具体内容
	功能出色	采用复合加厚材质锅底,具有优异的导磁性能,可以均匀快速受热,适合各类燃气灶和电磁炉具等
	设计细节	电木防烫手柄,握感舒适;钢化玻璃盖,可视烹饪
直播利益点	"6·18"特惠	今天在直播间内购买此款不粘锅享受"6·18"同价,并且赠送木质锅铲,下单备注主播名称即可
直播时的注意事项		①在直播进行时,直播间界面显示"关注店铺"卡片 ②主播引导用户关注、分享直播间等 ③主播引导用户加入粉丝群

(四)整场直播脚本的写作

整场直播脚本是对整场直播的内容进行安排,重点是把控直播逻辑。直播运营团队要提前准备好整场直播脚本,如表19-2所示。

表19-2 直播脚本

要点	说明
直播主题	从用户需求出发,明确直播的主题,避免直播内容没有营养
直播目标	明确直播目标,是积累用户、提高用户进店率,还是宣传新品等
主播介绍	介绍主播、副播的名字、身份等
直播时间	明确直播开始、结束的时间
注意事项	说明直播中需要注意的事项
人员安排	明确参与直播人员的职责。例如,主播负责引导关注、讲解商品、解释活动规则等;助理负责与用户互动、回复用户的问题、发放优惠信息等;后台/客服负责修改商品价格、与粉丝沟通订单问题等
直播流程的细节	直播流程的细节要非常具体,详细说明开场预热、商品讲解、优惠信息、用户互动等各个环节的具体内容、如何操作等问题。例如,什么时间讲解第一款商品、具体讲解多长时间、什么时间抽奖等,尽可能把时间都规划好,并按照规划来执行

2021年秋冬季新品发布会整场直播脚本示例如表19-3所示。

表19-3 2021年秋冬季新品发布会整场直播脚本示例

直播主题	2021年秋冬季新品发布会
直播目标	"吸粉"目标:吸引10万观众观看 销售目标:从直播开始至直播结束,直播中推荐的3款新品销量突破1万件
主播、副播	主播:××,品牌主理人、时尚博主。副播:××
直播时间	2021年10月12日,20:00—22:15
注意事项	①合理把控商品讲解节奏 ②放大对商品功能的讲解 ③注意对用户提问的回复,多与用户进行互动,避免直播冷场

续表

直播流程				
时间段	流程安排	人员分工		
		主播	副播	后台/客服
20:00—20:10	开场预热	快速进入直播状态，开场互动、预热，通过抽奖方式调动直播间氛围	①演示参与截屏抽奖的方法；②回复用户的问题	①向粉丝群推送开播通知；②收集中奖信息
20:10—20:20	品牌介绍	介绍品牌的来历、发展，强调让用户关注店铺、收藏店铺	演示关注、收藏店铺的方法	向粉丝群推送本场直播活动
20:20—20:40	活动介绍	介绍直播活动及其福利、优惠（如满300元减50元、满500元减100元、10元无门槛优惠券等）	配合主播使用白板展示福利和优惠措施	向粉丝群推送本场直播活动
20:40—21:10	商品介绍	从风格、工艺特点、面料材质、搭配技巧等方面展开介绍	试穿服装，当主播介绍细节时，引导用户观看服装细节	收集互动信息
21:10—21:20	互动	与用户进行互动，解答用户提出的问题	配合主播回答用户的问题	①在直播间添加商品链接②回复用户关于订单的提问
21:20—21:35	福利赠送	向用户介绍抽奖规则，引导用户参与抽奖、下单	演示参与抽奖的方法	收集中奖信息
21:35—21:55	商品讲解	讲解、试穿下一套服装	配合主播演示商品细节和试穿效果	①在直播间添加商品链接②回复用户关于订单的提问
21:55—22:05	商品返场	对前面的商品进行返场讲解	配合主播讲解商品；回复用户的问题	回复用户关于订单的提问
22:05—22:15	直播预告	预告下一场直播的时间、福利、直播商品等	引导用户关注直播间	回复用户关于订单的提问

（五）控制直播间节奏

根据直播节奏在不同的环节上架不同的商品类型，这里的直播节奏我们可以简单地理解为流量或在线观看人数，用福袋引流量，用爆品/福利品秒杀活动炒热直播气氛促成交量，在人气最高时讲解利润品提升直播间价值，如图19-5所示。

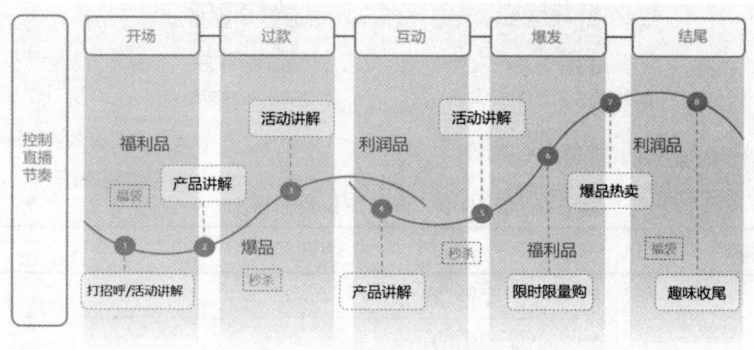

图19-5 控制直播节奏图

三、设定营销互动环节

营销工具，是讲营销玩法线上化的产品工具，例如我们常见的优惠券、满减、红包等。通过线上化手段实现促销让利、直播间营销氛围塑造、丰富与用户之间的互动转化、促进人货匹配；为商家达人在以直播间为主的各场景中拉新、停留、转化、客单提升、复购全流程经营链路提升效果。营销工具及场景应用如表 19-4 所示。

表 19-4 营销工具及场景应用

营销角色	营销工具	拉新停留	停留互动	转化	客单提升	复购
商家	商家优惠券	√	√	√	√	√
	限时限购（秒杀）		√	√		
	满减				√	
	多件优惠				√	
	定时开售			√		
	定金预售			√		
	拼团	√				
	裂变营销	√		√	√	
	拍卖			√		
	赠品		√	√		
达人	主播券			√	√	√
通用	购物红包		√	√		
	预告/裂变红包	√	√	√		
	超级福袋		√			
	达人专属营销		√	√	√	

💡 **小提示**：扫一扫，完成课前测试和学习微课：直播间突发问题的应急举措。

直播间突发问题的应急举措

项目十九课前测试

课前测试评价表如表 19-5 所示。

表 19-5 课前测试评价表

评价内容	达到目标	积分
直播流程（15 分）	熟悉直播营销策划的流程	
	熟悉直播脚本的策划	
	掌握整场直播脚本的要点	

【课中实操】

一、任务实施计划表

为了更好地帮助不同产地的农产品拓展销售渠道,本次任务以制作整场直播脚本为最终目标,其中营销活动环节设置为本次任务的重难点。请按照表 19-6 完成任务实施。

表 19-6 任务实施计划表

序号	步骤	方法与技巧	注意事项
1	制定直播主题	与乡村振兴相关	
2	设定营销互动环节	根据活动目的设计营销互动环节,选择营销工具	
3	整场直播脚本写作	直播时长 1 小时,流程中每环节时长 5 分钟或 10 分钟	根据实际情况完成

二、实施过程

(一)制定直播主题

与乡村振兴相关,使用户了解直播信息,主题与直播内容相符。

(二)设定营销互动环节

根据活动目的设计营销互动环节,选择营销工具。

💬 **小提示**:可通过前面的知识调研所得,不同的营销工具应用不同的营销场景,根据引流、拉停留、促成交等不同的场景需求选择不同的工具。

(三)整场直播脚本写作

根据直播脚本要点完成整场直播脚本的写作,直播时长为 1 小时,流程中每环节时长 5 分钟或 10 分钟,如表 19-7 所示。

表 19-7 整场直播脚本示例

直播主题				
直播目标				
主播、副播				
直播时间				
注意事项				
直播流程				
时间段	流程安排	人员分工		
		主播	副播	后台/客服
	开场预热			

三、课中评价表

课中评价表如表 19-8 所示。

表 19-8　课中评价表

评价项	具体评价内容	达到目标	积分		
			自评	组评	师评
整场直播脚本写作（45 分）	直播主题	直播逻辑清晰，能把控节奏			
	直播中的营销互动				
	直播流程设计				
职业素养（20 分）	1. 能按计划完成工作任务； 2. 在直播流程策划过程中，避免过度营销，提醒用户按需购买； 3. 态度端正，无无故缺勤、迟到、早退现象	能以新媒体人身份要求自己，养成良好的专业素养			

企业导师评语：

【课后练习】

【单选题】

1. 下列关于直播脚本作用的说法，不正确的是（D）。
   A．管理主播话术　　B．复盘总结　　C．梳理直播流程　　D．提高客单价
2. 下列不属于直播脚本的基本要点的是（B）。
   A．直播时间　　　　　　　　　　B．直播人员薪酬
   C．直播流程　　　　　　　　　　D．直播主题
3. 在直播中，把控直播间节奏最重要的目的是（A）。
   A．提高直播间价值　　　　　　　B．吸引评论
   C．点赞数　　　　　　　　　　　D．粉丝数

【多选题】

1. 设计直播标题的常用策略包括（ABCD）。
   A．借助名人效应　　　　　　　　B．设置疑问
   C．制造紧迫感　　　　　　　　　D．解决用户需求
2. 直播脚本的作用具体体现在（ABCD）。
   A．明确直播主题和目标
   B．把控直播节奏
   C．指导直播参与人员的动作、行为、话术
   D．控制直播预算成本

【任务拓展】

请根据课中实操所完成的整场直播脚本,重新优化直播流程,并模拟进行一场农产品的带货直播,时长不限。

课后任务评价表如表 19-9 所示。

表 19-9 课后任务评价表

具体评价内容	达到目标	积分
完成直播脚本写作(10 分)	掌握直播逻辑	
完成课后任务和作业(10 分)	能结合所学知识点完成作业	